## Jesús Itriago

(Judibana, 1971) Coach Internacional en ventas, negociaciones y estrategias comerciales.

He estado inmerso en la industria comercial por más de 27 años ayudando a miles de emprendedores a aumentar sus ventas a través del ofrecimiento de un mejor servicio; alineado con mi misión de contribuir con la creación de un entorno donde las personas amen lo que hacen y vivan con abundancia.

Al conocer cientos de personas que, como yo, estaban llenos de miedo y retos para vender más, ser más felices y tener una relación más positiva con el dinero, me di cuenta que, las ventas no se enseñan en las escuelas ni las universidades y que la mejor forma de ayudar a otros a tener un futuro exitoso en el mundo del emprendimiento, con la inteligencia emocional necesaria para experimentar los buenos y malos momentos, era escribir este practico libro que hoy dejo en tus manos.

**Coordinacion y producción editorial**
Diana Rodríguez Russill Diseño y diagramación

**Diseño de portada**
Adriana Araque Alfaro

**Impresión**
Ediciones Nueve 12, C.A.

**ISBN:** 978-980-18-0028-6
**Depósito legal:** MI2018000260



Impreso en Caracas, Venezuela, 2018

# AGRADECIMIENTOS

A Dios por encima de todo, por darme sabiduría y entendimiento para vivir cada día con mayor madurez y la paz necesaria en mi corazón para tolerar este mundo, disfrutarlo y ser felizinfinitamente, entendiéndome a mí mismo y aportando valor a todo mi entorno.

Muy especialmente quiero agradecer a todas las personas que me hayan puesto trabas, obstáculos y las circunstancias más difíciles al frente, obligándome a salir de mi zona de comodidad, para enfrentar las adversidades y llevarme a una zona de aprendizaje. Sin ellos este libro jamás hubiese sido posible.

Al Capitán, mi padre, por inculcarme los valores de la disciplina, la organización, el respeto y el estudio, entre otros; inclusive algunos que han logrado trascender más allá de su propia existencia, habiéndolos madurado después de su fallecimiento. Sé que allá arriba estará orgulloso de este libro y también sé que le hubiese gustado ser el primero en revisarlo. Dios lo tenga en su presencia en el paraíso de los cielos.

A la Turca, mi madre, inspiradora siempre de este libro y de toda mi vida; mujer incansable, luchadora y perseverante, quien me enseñó a no renunciar; me acompañó en muchos de mis emprendimientos y me acobijó con sus consejos y todo su amor en las caídas más duras del camino.

A Ely, mi esposa y complemento, quien me aporta el equilibrio para avanzar; apoyándome y acompañándome en las buenas y no tan buenas; en la abundancia y en la escasez; en las alegrías y las tristezas; en la luz y la oscuridad. Gracias siempre, mi amor..

A Manuel Enrique, Camila y Daniela mis hijos, mis motores, mi gasolina, mi gran orgullo por lo que son, por lo que hacen y sobre todo por enseñarme más y más cada día. ¡Los amo y admiro!

A mis abuelos: José, el vendedor #1; Francisco, por su creatividad; Carlota, a quien siempre vi escribiendo sus cuentos, sus vivencias y quien me enseñara a ver el mundo con grandes ojos de amor y abundancia; Ángela, por el valor de la disciplina que me inculcó. Los cuatro, sin duda, otra fuente de inspiración para este libro.

A mis hermanos Juan Carlos y Ángela, por solidarizarse siempre; por el esfuerzo de mantenernos unidos a pesar de las distancias; por su amor y cariño junto a los sobrinos.

A toda la familia grande, amigos, compadres, tutores, colegas y compañeros de vida: algo de cada uno de ustedes encontrarán en este libro, por lo que les estoy muy agradecido.

## LOS VENDEDORES QUE ABREN RELACIONES

Si hay algo que suelo repetir con frecuencia, tanto en mis artículos como en mis conferencias, es que la nuestra es una profesión en la que nunca terminamos de aprender. Para un vendedor, mantenerse en un estado permanente de capacitación y actualización es una actitud vital. Y un buen profesional de las ventas no solo muestra deseo de aprender acerca de nuevas técnicas, tendencias y herramientas propias de nuestro oficio, sino en general acerca de cualquier tema que le permita acercarse al conocimiento del ser humano, ya que de nuestra eficaz capacidad de ser asertivos y de saber comunicarnos depende en buena medida el éxito de nuestras gestiones.

Hay muchos libros que hablan de nuestro oficio, e incluso libros que aportan técnicas específicas muy valiosas, pero los mejores son los que nos ofrecen una perspectiva que nos permita, precisamente, enfrentar nuestro oficio a partir del conocimiento de nuestra propia naturaleza, que es la misma naturaleza humana.

Y eso, precisamente, es lo que ofrece el amigo Jesús Itriago en este libro que tengo el honor de prologar: Servir para vender, el cual dedica sus primeros capítulos a ayudarnos a construir el estado de ánimo ideal para abordar nuestro exigente oficio, ofreciéndonos valiosos instrumentos para enfocar adecuadamente, entender nuestros procesos y manejar las destrezas personales que nos ayudarán a ser más eficientes en la aplicación de las técnicas de las ventas.

Itriago comienza contándonos que las ventas (situación que compartimos) han sido un oficio que ha conocido desde la infancia, cuando acompañaba a su madre a vender los zapatos que salían de la fábrica del abuelo. Pero a los 19 años, cuando se ganó sus primeros diez mil dólares vendiendo junto a un compañero semanas de resorts en un campo petrolero en Monagas, descubrió que debía

profesionalizarse porque, así lo entendió, estaba ante la que sería la profesión de su vida.

Y desde entonces es mucha el agua que ha corrido bajo el puente de un profesional que ha transitado, a lo largo de 25 años, las más diversas industrias, lo que lo llevó a desarrollar su propio método, el cual comparte en estas valiosas páginas.

Lo primero que nos dice Jesús es que, luego de un largo proceso de práctica y aprendizaje, incluso de la mano de importantes gurúes en el ámbito del marketing, comprendió que la venta basada en presionar insistentemente a los clientes, ha caducado por completo y, en contraposición, él ofrece una visión del oficio en la cual los mejores resultados se obtienen de nuestra capacidad de agregar valor y dar servicio a los clientes.

En adelante, lleva a sus lectores de la mano de un proceso mediante el cual deben comenzar a trabajar su propia emocionalidad, porque es emoción lo que mueve al mundo, y emoción es lo que está en juego cuando vendemos, por lo que el primer paso para un vendedor exitoso está en las preguntas que se hace a sí mismo para mantenerse dentro de su oficio. De preguntas a pensamientos, de pensamientos a emociones, de emociones a acciones y de estas a resultados. Esto que dice no solo es sensato, sino que anima a seguir leyendo.

Itriago nos ofrece también un conjunto de apuntes muy enriquecedores para optimizar nuestras relaciones con nuestros clientes. No suponer nada y borrar las creencias limitantes son dos de ellas. En adelante, ofrece las claves de su credo: el vendedor de marca (como llama a los vendedores genuinos, apasionados por su oficio, que asumen su trabajo como un modo de ver la vida) busca que todos ganen. A diferencia de los que solo cierran ventas, los vendedores de marca, o podríamos decir de raza, abren relaciones.

Y como el vendedor de marca es un individuo empoderado, tiene una relación fluida con la abundancia. Pero no con la abundancia como un acto de magia logrado a partir de conjuros que la traigan a nuestra vida. El asunto que plantea es más pragmático. La abundancia, nos señala Itriago, es dar sin tener expectativas de recibir.

Y esa actitud de dar la aplica a dar soluciones auténticas a los clientes. O, como nos explica el mismo autor, ubicar un dolor y ofrecer lo necesario para aliviarlo. Cuando logramos que nuestro negocio resuelva un dolor, nos dice, estamos ayudando con nuestros productos y servicios a que la gente tenga una vida mejor.

Todo esto nos sumerge en una lectura muy interesante de la naturaleza humana que es, como dije en un principio, la materia prima de nuestro oficio. Esto, en pocas palabras, es un asunto de manejo de las emociones. De las nuestras, en primer lugar, para poder entender y manejar la de los clientes, en consecuencia. Eso nos lleva a entender, por ejemplo, que el no, ese que derrumba a tantos vendedores, es parte integral de un proceso. Que lo ideal es que no distingamos entre un "si" y un "no", sino que hagamos del todo un largo proceso de crecimiento en el cual el segundo debe dejar de ser visto como un condicionamiento que influya en nuestro ánimo.

Servir para vender es, en efecto, el lema que rige la visión del negocio para Itriago. Para ello tenemos que tener una visión de abundancia de nuestras propias vidas. Si nuestra energía no es de abundancia, nadie va a hacer querer negocios con nosotros.

Luego de explicar claramente su tesis de que el vendedor básicamente resuelve una necesidad sin esperar nada a cambio, que no antepone cerrar una venta a ganar un cliente (visión que comparto plenamente) pasa a, desde esa visión, ofrecernos sus comentarios y métodos acerca de algunas herramientas valiosas

que nos permiten potenciar nuestro desempeño. Partiendo de ello, nos pasea por asuntos propios del oficio, como la prospección, los referidos, la tonalidad y el lenguaje corporal, entendiendo siempre que no debemos perder de vista que lo que está en juego es una emoción, que la venta es una historia de un dolor aliviado, de un servicio que traerá beneficios a todos los involucrados. Mención aparte la merece sus notas sobre los gatillos mentales en la venta, el manejo de las objeciones y, por supuesto, el cierre.

Servir para vender ofrece una serie de valiosos apuntes de sentido común para entender nuestro oficio desde la naturaleza humana. Pero, ojo, que no en vano se dice que el sentido común es el menos común de los sentidos. En este caso, este libro de Jesús Itriago nos recuerda cosas que son vitales, no ya para vender, sino para vivir la vida con la actitud adecuada, apelando a la sensatez.

La honestidad, el interés genuino en el otro, el respeto a su condición y la comprensión de sus problemas reales, ofrecerle soluciones específicas, en fin, ejercer el oficio con los ojos abiertos, eso es lo que nos propone este libro y yo, desde mi experiencia, no puedo sino ratificar que es el camino correcto.

Servir para vender es de esos libros que valen la pena atesorar para contribuir con algo en lo que siempre he creído: la importancia de dignificar la profesión de las ventas. No se detengan un segundo para comenzar a leerlo.

Carlos Rosales Formador de Vendedores Profesionales – Conferencista Autor de "Personas compran personas"

# INTRODUCCIÓN

Desde que yo era un niño, la "Turca", mi madre, me indujo al mundo de las ventas. Ella viene de una familia de comerciantes: mi abuelo José tenía una fábrica de zapatos en Catia y mis tíos, cuando estaban desocupados, tenían que hacer sus pasantías en dicha fábrica, mientras tomaban su propio rumbo. Yo crecí en ese ambiente; mi madre me alimentaba con su pecho mientras acomodaba el inventario en un cuarto que mi papá le había preparado en nuestra espaciosa casa en Judibana, estado Falcón, Venezuela. Allí vivían los trabajadores de la empresa petrolera Creole donde Juan Francisco Itriago Monniot, mi padre, era parte de la tripulación de los buques que transportaban el demandado tesoro negro de la época. Allí fue donde empezó mi entrenamiento, con la "Turca" vendiendo los zapatos "Pepín" que fabricaba mi abuelo, una muy acertada enseñanza acerca de las relaciones apalancadas que veremos en este libro.

En pocas palabras aprendí cómo funcionaba una empresa de ventas desde adentro, inclusive desde el vientre, la "Turca" distribuía su mercancía en el vecindario mientras extendía su cartera de referimientos inagotables, el capitán navegaba por el mundo y yo me nutria de la experiencia. Más adelante, a los 12 años, anduve mis primeros pasos oficiales en las ventas: empecé a vender limonada en la escalera del salón de una peluquería que mi mamá y mi tía tenían en Caracas. Así pude reunir mis primeros ingresos que me sirvieron para comprarme una tabla de surf. Desde entonces comencé esta carrera larga, armoniosa, entusiasta y de descubrimiento permanente en las ventas.

A los 19 años gané en una semana US$ 10 000 (entre Carlos Ruiz un gran compañero/tutor y yo, vendimos 48 semanas de resorts en un campo petrolero de Monagas) un salto gigante para lo que realmente podían significar las ventas en las finanzas; entonces decidí asumir el rol con profesionalidad y un método. desde mi experiencia, no puedo sino ratificar que es el camino correcto. Servir para vender es de esos libros que valen la pena atesorar para contribuir con algo en lo que siempre he creído: la importancia de dignificar la profesión de las ventas. No se detengan un segundo para comenzar a leerlo.
Carlos Rosales Formador de Vendedores Profesionales – Conferencista Autor de "Personas compran personas"

Esta fue la carrera que emprendí cambiando el esquema tradicional, el cliché del vendedor insistente, molestoso, que vende con presión. Hoy luego de contar con un recorrido de más de 25 años por diferentes industrias (turismo, energética, industrial, cementerios, telefonía, seguros y hasta alimentos) de forma interna o como asesor externo, quiero compartir mis vivencias para que mejorando el servicio y agregando valor a tus potenciales clientes puedas multiplicar tu producción actual.

Este libro tiene el potencial para cambiar el rumbo de tu vida. Está basado en mi experiencia personal, la de otros colegas y la de profesionales de distintas áreas (odontólogos, médicos, arquitectos, profesores, veterinarios, constructores, etc.) que han conseguido a través del desarrollo de la habilidad de vender, el éxito en cada uno de sus negocios. No se trata de ego personal; se trata de una realidad: si te esfuerzas, te comprometes y tomas acción paso a paso con lo que aquí está escrito, el éxito será parte de tu día. No estoy hablando de hacerse rico en 24 horas, pero sí vas a desarrollar la habilidad para negociar con el mundo la vida que mereces; te sentirás en confianza a la hora de vender tus servicios o productos, seas emprendedor, empresario o empleado. Sea cual sea tu realidad, vender tiene el potencial de cambiar tu vida por completo.

Te pido que pienses en grande, que no te limites, que elimines esas creencias que puedan significar un obstáculo mental en tu avance.

He adquirido conocimientos a lo largo de este tiempo involucrado directamente en las experiencias del día a día de las ventas; durante mucho años he invertido miles de dólares en desarrollarme con los gurús más grandes del marketing y las ventas y estoy convencido de que el método tradicional de vender a través de una oferta con insistencia y presión ha caducado por completo. Hoy en día lo único que puede diferenciarte y hacerte lograr mejores resultados es tu capacidad de agregar valor y dar servicio.

Me gustaría compartir contigo el conocimiento más avanzado y las técnicas más útiles a la hora de utilizar tus habilidades. No somos más que el reflejo de costumbres y creencias que nos han rodeado hasta ahora, por eso en este libro empezaremos hablando de la mentalidad de manera que tengas la absoluta claridad mental para que fluyan esas habilidades durante toda la lectura y las puedas poner en práctica de una vez.

Mi principal intención es que tengas la mejor teoría que puedas tener en cualquier tipo de habilidad que estés aprendiendo con este libro. Luego, que tengas el contexto y las herramientas para llevar todo lo aprendido a la práctica dentro de tu profesión y que te dé los mejores resultados de la manera más rápida posible. Y por último, que todo lo que estás aprendiendo de forma teórica y práctica puedas llevarlo a un plano emocional y programarlo muy bien dentro de tu mente para que no sea algo que aprendiste de memoria y luego olvides.

El viaje que estás comenzando en este momento va a requerir mucho compromiso de tu parte, va a requerir que tomes acción sobre todas las cosas.

Créeme de corazón, no hay un requisito mágico para aprender a vender, no hay un tipo de personalidad requerida, todo se puede aprender y estamos aquí para eso.

# CAPITULO 1

## MENTALIDAD (El secreto)

La mentalidad es el lente a través del cual cada individuo ve el mundo que lo rodea. Todos los estímulos que te afectan a diario pasan a través de ese lente y tú los filtras a través del condicionamiento cultural que tienes desde pequeño. Es decir, las opiniones que te han dado tus padres, tu familia, tus maestros, la iglesia y tus amigos, entre otros. Tienes una forma de ver al mundo que piensas que es única, pero no somos nada más que una colección de opiniones y creencias, posturas alrededor de la vida que hemos adoptado en nuestro entorno desde pequeños. El objetivo de este libro es que antes de aprender las habilidades para vender, antes de la parte práctica, debes estructurar bien la base de soporte que es tu mentalidad para tener el lente limpio, y sepas con claridad cuáles son tus objetivos, cómo te siente respecto a ellos y puedas canalizar esas emociones positivas hacia esa habilidad porque si tienes la mentalidad adecuada, las habilidades fluyen.

Durante la lectura de este libro vas a conocer diferentes tipos de situaciones y de ejercicios que vas a ir practicando poco a poco para que al final puedas darle un vuelco a los resultados que obtienes. Porque si logras cambiar y logras optimizar la forma en la que piensas, puedes cambiar tu vida; puedes cambiar cualquier tipo de resultados.

Hace poco tuve una conversación con una persona que había estado atascado con sus resultados y a quien le comenté "Cuando piensas en tu empleo, en tu empresa o en tu emprendimiento y dices: no tengo los resultados que quiero, por lo general es porque no has tomado las acciones necesarias para llegar ahí o no tienes suficiente claridad sobre tu curso de acción, pero hay un vínculo directo entre los resultados y las acciones que has tomado. Estas acciones que tomaste ¿de qué dependen? Esas acciones el 99% de las veces depende de tu estado emocional, si te sientes bien trabajas más, eres más productivo; si te sientes mal ni siquiera quieres ir trabajar, si te sientes abrumado y estresado vas a trabajar, pero vas con mala actitud"

Forzando las cosas, estas no fluyen, entonces estamos viendo aquí un vínculo de resultados acciones y emociones. Y ¿qué o quién controla tus emociones? Tus emociones son controladas por tus pensamientos ¡tan sencillo como eso! Es lo más importante qué tienes que aprender: tu mente no diferencia entre lo que piensas y en lo que realidad está pasando.

Forzando las cosas, estas no fluyen, entonces estamos viendo aquí un vínculo de resultados acciones y emociones. Y ¿qué o quién controla tus emociones? Tus emociones son controladas por tus pensamientos ¡tan sencillo como eso! Es lo más importante qué tienes que aprender: tu mente no diferencia entre lo que piensas y en lo que realidad está pasando.

Te hago las siguientes preguntas:

¿Cómo te llamas?

¿Qué día es hoy?

¿Cuántos años tienes?

Es muy probable que en tu mente hayas contestado rápida e inconscientemente estas tres preguntas. ¿Por qué pasa esto? Porque nosotros no tenemos un control total sobre nuestros pensamientos y nuestros pensamientos tienen un vínculo directo con las preguntas que nos hacemos; entonces cada pensamiento que tengas aquí es relacionado con una pregunta que te estás haciendo a ti mismo. Si te preguntas todos los días

¿Por qué me pasó a mí?
¿Por qué me dijo que no?
¿Por qué estoy tan frustrado?
¿Por qué todas estas desgracias me pasan a mí?

¿Qué crees que va a contestar tu mente en cuanto a emociones? Negatividad, pesimismo, arrogancia, todo tipo de cosas negativas. Por consiguiente, a partir de hoy, debes tener claro el vínculo que existe entre las preguntas que te haces. La calidad de preguntas que te hagas influirá en la calidad de pensamientos que

tendrás. Así es como vamos de preguntas a pensamientos, de pensamientos a emociones, de emociones a acciones y de acciones a resultados. Esto es lo que vamos que trabajar en este capítulo.

## Venciendo el miedo a vender

Cuando hablo de miedo, hablo de dos tipos en especial: el miedo a vender y el miedo al rechazo. Es importante que sepamos que existe una diferencia entre estos miedos. Cuando hablamos del miedo a vender estamos hablando de un miedo que viene de la pregunta ¿quién soy yo?

Porque cuando tienes miedo a vender, no al rechazo, estás diciendo, "a mí no me importa que me digan que no diez veces, eso no me molesta pero ¿quién soy yo para ir a hablarle sobre algo a esta persona?"

El otro miedo que es el miedo al rechazo viene de unas preguntas totalmente diferentes: ¿y qué dirán?, ¿qué van a pensar de mí?

Como vimos arriba, todas nuestras emociones vienen de los pensamientos que tenemos y los pensamientos vienen de las preguntas que nos hacemos. Mi objetivo es darte nuevas preguntas y nuevas estrategias para cada uno de estos dos miedos.

Entonces el miedo a vender viene de la pregunta ¿quién soy yo? que es una pregunta equivocada. No es lo que tendrías que estarte preguntando a la hora de vender, pero es como estamos diseñados y siempre nos hacemos esa pregunta. A continuación comparto contigo, las formas que ayudan a vencer este miedo de forma más rápida y que adquirí en mi experiencia como gerente de ventas.

La primera es educarte. La educación resuelve muchísimas inseguridades y contesta esta pregunta de una manera excelente porque cuando te preguntas ¿quién soy yo para venderle a alguien?, te responderás: soy un experto en mi producto, soy un experto en mi industria, he leído muchos libros sobre mi producto y sobre cómo puede agregar valor a otras personas, yo tengo algo que esa persona necesita y por eso tengo la confianza de ir a hablar con él.

Dedica una hora diaria a estudiar sobre la actividad de ventas o a crecer en conocimiento del producto y de la actividad que realizas en sí. Te hará un experto, serás una autoridad en el tema y eso te dará confianza total y los miedos se desvanecerán.

Si conoces de lo que estás hablando vas a tener mucha más confianza al acercarte a la gente y si tienes una educación en ventas, que es lo que estás haciendo al leer este libro, va a ser mucho más sencillo.

Cuando entras a la industria de la ventas encuentras mucho contenido pero en la venta real eso se traducirá en una proporción de un 20% de la venta, el otro 80% se trata de saber cómo opera el ser humano o la mente del ser humano.

¿A qué me refiero? A que no hay nada peor que un vendedor que se nos acerca a realizarnos una presentación literal de su producto sin entender cómo pensamos como cliente y cómo operan los seres humanos. Hay una frase de Grand Cardone que dice "no estás en la industria de tu producto, sino que estás en la industria de los seres humanos a la hora de vender".

Mi segunda recomendación es cambiar las preguntas. Cuando dices "tengo miedo a vender" ¿qué sientes?, ¿te pones nervioso? Qué pasaría si te preguntas ¿cómo me quiero sentir? Todos tenemos ese nervio y esa agitación antes de vender o antes de ponernos frente a frente con algo a lo que le hemos creado mucha expectativa. Respira y pregúntate en esos minutos antes, ¿cómo me quiero sentir durante esta interacción? Y piensa en esos estados emocionales que te hacen ejecutar al 100%. Una breve una confesión personal: pongo en mi alarma del celular tres veces al día,

tres palabras que me hacen estar en el mejor momento de mi vida y son "confianza", "energía", y "felicidad". Cuando me siento confiado, ágil, dinámico, cuando estoy feliz es cuando ejecuto mejor. Si cambias las preguntas ¿quién soy yo? ¿por qué me siento así? a ¿cómo me quiero sentir? todo cambia, y si te puedo recomendar algo es que en este instante pienses en algún momento en el pasado donde ejecutaste o hiciste algo increíblemente bien o cuando cerraste una venta o cuando cerraste un negocio o hiciste algo espectacular, que te hayas asombrado a ti mismo; piensa en uno y trata de describir cómo te sentías en tres palabras, esas tres palabras te van a ayudar muchísimo a la hora de vencer el miedo a vender.

La tercera recomendación es tener un porqué bien definido. Esto ya lo había mencionado pero es importante profundizar. Tus porqués tienen que ser muy sólidos. Esos porqués te van a motivar lo suficiente para ir al trabajo, no solo a sentarte a esperar que las cosas pasen sino para tomar acción todos los días. Hay porqués que van a hacer que el miedo pase a segundo plano. Cuando tu prioridad es proveer a tu familia, crecer personalmente y probarte a ti o a otras personas que lo puedes hacer, el miedo pasa a segundo plano y es una de las técnicas más poderosas para evitar este tipo de miedos y darle la vuelta.

 Ahora vamos a hablar sobre cómo vencer el miedo al rechazo. Es importante saber que todos tenemos miedo al rechazo de una u otra forma. El rechazo es algo muy duro pero nos ayuda a formarnos como seres humanos. Si tienes las estrategias que te voy a dar a continuación para manejarlo, en vez de generarte estrés y frustración te van a generar carácter y no decaerás tan fuerte cuando recibas algunos "no" seguidos como parte del proceso. Lo primero es entender por qué te afecta: como seres humanos, estamos diseñados para buscar el "sí", para buscar la aceptación de nuestros amigos, de nuestra comunidad, de nuestro vecindario, de todos nuestros círculos sociales, y ¿por qué es tan importante?, ¿por qué estamos programados así? 1.- Porque no somos animales solitarios, somos animales que estamos diseñados a sobrevivir en conjunto, en manadas y 2.- Porque hace miles de años el "no" de tu comunidad era igual a la muerte. El rechazo es algo sumamente duro pero tienes que saber que no estás solo en esto; a todos nos pasa, es algo biológico y algo que venimos cargando por años Es importante ser aceptado pero si diez personas te dicen que no, nada pasa. Sigue habiendo billones de personas allá afuera y la gente cercana a ti te ama y tú eres más que suficiente tal y como eres; no necesitas la aprobación de nadie más.

Otra recomendación para perder el miedo al rechazo es, "no suponer nada" No suponer es la regla de oro para vender; hay decenas de vendedores que suponen cosas y por eso pierden muchas oportunidades de ventas que tenían enfrente. Por ejemplo si vas a hablar con un cliente o entra un cliente a tu negocio y lo ves enojado, y te dice que no, puede que lo tomes personal y pienses "a este tipo yo no le caí bien", "este tipo está contra mí", "este tipo es un pesado", etcétera. Tu mente tiene la capacidad de dar vueltas a mil por hora y ahogarte en una historia falsa; la mayoría de tus dolores en este mundo no existen en ningún otro lado más que en tu mente.

Le tenemos miedo al rechazo porque empezamos a suponer cosas.

Realmente no sabes si esa persona que fue grosera contigo, que te dijo no, se acababa de pelear con su pareja, venía triste, se le acaba de morir un familiar, o lo agarraste en un momento muy incómodo. Así que no supongas nada y pregunta; no supongas que fue algo hiciste mal ya que, por lo general, existen otro tipo de factores.

La tercera recomendación, aunque suene contradictorio, es "a veces vale la pena tomárselo personal". Te doy esta opción porque las personas operan de maneras muy distintas. He tenido colaboradores en mi equipo que dicen "bien, me dijo que no, ahora va a ser mi misión de vida cerrar esa venta, a mí nadie me dice que no" y es una actitud con la que debes tener cuidado, pero al mismo tiempo puede darte bueno resultados porque te está generando la necesidad de poder cumplirte a ti mismo una meta. Si te lo tomas personal en una forma que te motive, perfecto. Si decides tomarte un "no" personal, hazlo para motivarte, para tomar energía de allí. Es importante que te preguntes ¿qué siento cuando me dicen que no? Y si sientes, esa energía de probarte a ti mismo y salir adelante, entonces te lo puedes tomar personal y al momento que tomas esa decisión vas a saber cómo reaccionar al "no" y eso te va a ayudar a vencer el miedo.

Otra lección importante sobre el miedo al rechazo, es entender que un "no" hoy, no es un "no" para siempre. Si mantienes contacto y agregas valor, esas mismas personas en un año o en un mes, pueden cambiar y darte un "sí". Si eres persistente y aplicas las prácticas correctas puedes cambiar esa primera decisión. También es importante saber que esta frase también aplica al revés: un "sí", no es un "sí" para siempre. Por eso hay que dar servicio, para hacer ese "sí" lo más duradero posible.

Ahora tienes varias formas de manejar el miedo a vender y el miedo al rechazo. Lo más importante de este tema es entender que estos dos miedos nacen de hacerte las preguntas equivocadas. Si cambias las preguntas que te haces: en vez de decir ¿quién soy yo?, en vez de decir ¿qué dirán?, empieza a preguntarte ¿cómo me quiero sentir con relación a esto?, ¿qué puedo hacer hoy para ser esa persona que en mi mente tiene derecho a ser vendedor? O ¿qué puedo hacer hoy para ser aceptado ante los ojos de X o Y persona? Tienes que saber que sobre algunas de estas preguntas, vas a tener un control pero sobre otras no. Enfócate solo en aquello que tú puedes controlar, lo demás solo deja que fluya y vas a tener unos resultados increíbles.

## Creencias limitantes en la industria de las ventas

Durante tu lectura y prácticas es importante que aprendas a eliminar creencias limitantes, a cambiar esas creencias que te impiden avanzar hacia los resultados que buscas. Obviamente es algo gradual, no es algo que suceda de la noche a la mañana, pero si es posible lograrlo. A mí me ha tomado años el poder empezar a borrar creencias limitantes que traigo desde la infancia. Y vale cada minuto que se invierte en ello. Te pido por favor que te enfoques 100% y que actúes. La teoría que vas a ver es importante pero en tu corazón tienes que tener una prioridad y esta prioridad es tomar acción.

Es muy fundamental que reconozcas y no caigas en la trampa de las creencias que te limitan en la industria de las ventas. No las vuelvas a creer y no las vuelvas a tomar como realidades cuando no existen. Empecemos por conocer: ¿qué es una creencia limitante?, si has leído un libro de Tony Robbins o de autoayuda en general probablemente hayas oído ese concepto; lo interesante es que aunque lo hemos oído muchas veces son pocos los lugares en los que no te cobran miles de dólares para enseñarte a primero identificarlas y luego vencerlas.

Cuando hablas de una creencia no es más que un pensamiento o una opinión que te has negado la oportunidad de cuestionar, por una u otra razón. Lo puedes ver desde el lado religioso, desde creencias que tienes en relación con la vida, con las relaciones, con el dinero. La clave de esto es ¿de verdad hay algo positivo en no cuestionar las cosas? Una creencia limitante son creencias que uno tiene muy adentro de uno mismo, dentro de nuestra programación y que nos limitan dentro de diferentes áreas de la vida, es como un collage que fuimos adoptando de todo lo que hemos vivido desde el día uno. Somos una colección de opiniones de pensamientos y de creencias que adoptamos de las interacciones con nuestros padres, en la escuela, con nuestros amigos, la televisión, la radio, la Internet y de todos los estímulos externos que nos van rodeando. Así vamos creciendo y evolucionando dentro de nuestra mente. Hay creencias limitantes que adoptamos a los cinco años y que hoy por hoy ya no son útiles, son obsoletas y las sigues manteniendo. Un ejemplo sencillo es cuando tu mamá te decía de pequeño "no hables con extraños". A los cinco años, si salías solo a la calle lo mejor era no hablar con extraños porque eras indefenso. ¿Qué pasa cuando sigues pensando a tus 20, 30, 40, 50 años que es malo hablar con extraños? Estás cerrando puertas y oportunidades si lo que quieres y no tienes, lo tiene un extraño.

¿Cuál es la mejor forma de conseguirlo? Hablando con él, ya sea para ver cómo te lo puede dar, cómo lo puedes conseguir o que te enseñe como él lo consiguió.

Las creencias limitantes más fuertes que hay dentro de la industria de las ventas, son en otras palabras "excusas" y las más fuertes, las mejores diseñadas, son las que suenan más reales ¿Por qué? Porque como ya dijimos, a alguien se le ocurrió o alguien lo dijo en voz alta y esto resonó con toda la mentalidad de las demás personas que no habían tenido resultados, que buscaban justificarse de alguna forma y cuando agarra fuerza una idea o una creencia limitante entre varias personas, es imparable. Es fácil caer en eso, lo difícil es decir ¡no! Y pensar de otra forma.

El primer conjunto de creencias son las que existen en relación con tu cliente y el primer ejemplo que te doy, seguramente la has oído muchas veces y probablemente la has dicho miles de veces también. Todos somos víctimas de ésta: "no tiene dinero". Cuántas veces te ha pasado que tienes un cliente, hiciste todo tu mejor esfuerzo por venderle y te dice "no; te lo compraría pero no tengo dinero, no me alcanza". Te vende esa idea y tú se la compras y ahí perdiste cualquier oportunidad de vender. Te ha pasado, me ha pasado, a todos nos ha pasado en especial al principio. En el único momento en el que puedes creer esa excusa, esa creencia limitante, es cuando el cliente saque la cartera vacía o cuando rechacen sus tarjetas de crédito. Ten en cuenta que cuando alguien de verdad quiere algo, cuando necesitas algo, cuando es tanta la urgencia de querer comprarlo, el dinero aparece. Un ejemplo, es cuando alguien fallece y necesitan darle sepultura, solicitan el servicio pero indican que no tienen dinero (industria que conozco muy bien) y créeme que el dinero para pagar aparece mágicamente de algún lado. Ese es un nivel alto de urgencia; obviamente es un momento muy difícil como lo pueden ser también accidentes o alguien conocido que esté en la cárcel y debas pagar su fianza pero esto te muestra que el dinero está por ahí y que simplemente hay que tener esa necesidad o disposición de conseguirlo. Entonces no te creas esto tan fácil y no seas víctima de tu propia mente justificando que no salió la venta porque no tenían dinero.

Otra excusa muy usada por los clientes es "no tengo tiempo". Esto pasa mucho cuando hablas de altos ejecutivos. Te dicen sí quiero tu producto pero no tengo tiempo de evaluarlo o "el señor está muy ocupado" "está de viaje", "está en una junta". Lo cierto es que cuando quieres algo que es importante para ti, haces el tiempo para ir a verlo. Aplica para las ventas y para las relaciones en general: de amistad, de pareja, familiares. No creas esta excusa tan rápidamente y haz todo Para conseguir esa urgencia y esa necesidad de que la gente te tiene que ver para resolver un dolor,

La última de las más comunes en cuanto a tu cliente es "no le caí bien". Hay muchos vendedores que tienen interacción de 30 segundos con alguien y dicen: "creo no le caí bien". No supongas que no le caíste bien porque no sabes en qué estado emocional venía esa persona o que le acababa de pasar. Tienes que tener pruebas sólidas y justificadas. Solo cuando tengas esas pruebas sólidas estarás más cerca de una razón pero no te justifiques tan rápido; piénsalo dos veces; son creencias limitantes de nuestra industria con la que muchísimos vendedores se escudan, yo fui víctima de eso y también tuve malas rachas.

Hablemos ahora sobre las creencias limitantes que tienes tú como vendedor. La primera: "hoy no tengo ganas". Cuando tengas una de esas mañanas donde te levantes y digas: hoy no tengo ganas, me siento frustrado, ando deprimido o triste, pregúntate ¿de qué no tienes ganas? ¿No tienes ganas de trabajar? ¿No tienes ganas de tener éxito?, porque son dos cosas muy distintas. Muchas veces trabajamos y hacemos lo que hacemos no por el disfrute de ir a la rutina diaria sino porque queremos llegar a un objetivo. Si trabajas es porque quieres tener dinero, porque quieres proveer, porque quieres crecer, porque quieres comprar una casa o un carro, un reloj. Lo que pasa cuando sientes que no tienes ganas es que llegas a trabajar y estás tan hundido en la rutina que ya perdiste de vista ese porqué que te estaba ayudando. Así que, acuérdate de tu porqué. Cuando escuches eso en tu cabeza y digas hoy no tengo ganas, hoy no voy a salir a vender (he oído vendedores que dicen eso en la mañana) cuando pienses eso, pregúntate ¿hoy no tienes ganas de tener éxito? ¿Hoy no tienes ganas de ser la mejor versión de ti mismo? Hay días donde va a ser muy fuerte la emoción y lo único que puedes hacer es dejar ese sentimiento pasar, que crezca dentro de ti; siéntelo, no lo ignores y así va a salir mucho más rápido. No dejes de tomar acción; recuerda que si solo trabajamos los días que tenemos ganas de trabajar, el 90% de la población no trabajaría y no haríamos grandes cosas.

El objetivo es que tengas esa energía y esa motivación para trabajar pero cuando escuches esta creencia limitante en ti o en otras personas pregúntate ¿de que no tienes ganas hoy? Revisa tu porqué. No te dejes llevar por esta fuerte creencia limitante.

Otra creencia que derrota a la gente antes de empezar es "no tengo personalidad de vendedor". Esta acaba con la ilusión de cientos de personas de poder vivir y ganar lo que ellos quieren ganar a través de las ventas. Piensan y tienen en la mente esta imagen de un vendedor ficticio, luciendo una correa Gucci, con el Rolex en su muñeca, que es carismático, que habla rápido y seduce, como el único tipo de vendedor que existe. La verdad que durante toda mi carrera he trabajado con personas de todo tipo y si algo he aprendido es que los mejores vendedores no son todos del mismo molde; los mejores vendedores que yo conozco en lo personal son personas sencillas y la gente que trae el Rolex y la correa Gucci por lo general son fanfarrones y mediocres. No tengas miedo porque a través de tu propia personalidad puedes desarrollar tu estilo de ventas. Olvídate de esta creencia limitante, ¡no existe! No se nace como vendedor, uno puede aprender habilidad.

La última es la de "traigo una mala racha". Hablamos del típico slump por el que pasan los vendedores y pensamos que solamente es en la industria de las ventas pero las malas rachas pasan en todos lados. Piensa en el béisbol: hay peloteros que de repente no batean un jonrón, paran de batear hits y se les cae la bola. ¿Cuál es la única forma de salir de una mala racha? Seguir bateando y eso aplica para el béisbol, para todos los deportes, para la industria y para las ventas en especial. La única forma de seguir adelante es seguir tomando acción. Por lo general la gente piensa que tienes que estar motivado para tomar acción y la realidad es que las cosas son al revés: tomas acción y de esa acción nace la motivación. Yo tuve un coach que me dijo hace mucho tiempo "motion brings emotion" ¿Qué quiere decir? Movimiento trae emoción. Si tomas acción te vas a motivar, de hecho cuando uno sale a hacer ejercicios temprano segrega la famosa hormona de la felicidad, más y más con cada paso, moverte te motiva a querer más. Tienes una mala racha ¿No has vendido?, es algo que está en tu mente y la única forma de hacer que eso se vaya es seguir tomando acción y hacer las cosas diferentes. Mi recomendación es desconectarte, correr, hacer ejercicios, puedes tomarte un día de vacaciones; hacer algo totalmente diferente y luego seguir tomando acción. No va a ser va ser fácil; habrán momentos donde no quieras vender pero tienes que saber salirte de ahí.

Muchas veces cuando hablas con un cliente y tienes una interacción positiva se te olvida un mes, tres meses, de no haber vendido; se te olvida porque ese es el poder de las ventas te lleva a picos emocionales y por eso seguimos haciendo esto.

Otras creencias limitantes que son populares en nuestra industria se van al extremo y quieren culpar al mundo por sus desgracias. Vas a oír muchísimas como esta: "la crisis". Las fortunas más grandes del mundo empezaron en épocas de crisis; la gente que ve oportunidad en la crisis, es la gente que más dinero hace, que capitaliza su esfuerzo. ¿Por qué? Porque es muy sencillo enseñarle a tu cliente que crisis es igual a oportunidad. Si hay una crisis, hay precios bajos; más cosas se devalúan; la gente que tiene dinero invierte, la gente que no tiene sigue gastando, lo va a gastar en lo que considere que le va a poder evitar el dolor de esa "crisis" en el futuro. En Latinoamérica llevamos unos 50 años en crisis; hay una crisis cada seis meses. Si fuera válida esta creencia limitante nadie vendería, nunca venderíamos. Y una similar es que "es temporada baja", es prácticamente lo mismo. Cualquier excusa que sea a nivel global es buena y suficiente. Para no vender y justificarse se habla de una temporada baja. He visto a los mejores vendedores foguearse ahí; cuando vendes en temporada baja es que sabes de verdad sacar las ofertas del corazón para atender a un nicho de tu mercado que consume en esas temporadas. Es que estás haciendo las cosas bien. Vas a ver en tus equipos gente que sigue vendiendo en temporada baja. Entonces no hay excusas y olvídate de estas creencias limitantes.

Has dedicado tiempo a tu mente, a tu crecimiento personal y a prepararte para los siguientes capítulos de este libro, mediante los cuales empezarás a adoptar técnicas y habilidades de ventas, prospección, seguimiento y expansión que van a triplicar tus ventas y a optimizar tu negocio como nunca lo habías visto antes.

Antes de cerrar este capítulo quiero decirte que es un honor y es un gusto contar con gente como tú, gente que no solamente quiere vender, sino gente que se preocupa por mejorar como seres humanos y tener un impacto en la vida de cada persona que tiene contacto con ellos. Si estás leyendo este libro es porque tú eres una de esas personas y nada más quiero decirte de todo corazón lo agradecido que estoy contigo y con la oportunidad que te estás dando a ti mismo y a mí de ayudarte.

# CAPITULO 2

## EL ÉXITO EN LAS VENTAS

### EL VENDEDOR DE MARCA

Existen dos tipos de vendedores: los tapa amarilla[1] y los de marca (los que dejan su propia huella).

El objetivo de este capítulo es que aprendas a ser tu propia marca, único, auténtico y que tus clientes te compren porque se identifican contigo, no con un tapa amarilla. Existen varias diferencias entre estas dos personalidades. Cuando hablamos de un tapa amarilla en general, nos referimos a alguien que vende para quitar, cuya única motivación es la comisión; es el típico vendedor que nadie quiere ser. Piensa en ese vendedor de carros usados en Estados Unidos que molesta, engaña, miente u omite información que es igual a mentir. Yo fui de uno de estos durante un tiempo y realmente ignoraba lo desagradable que era.

Cuando hablamos del vendedor de marca, estamos hablando del vendedor que agrega valor, que busca que todo sea un ganar-ganar, y que crezcan tanto él como las personas que hacen negocios con él. Veamos las características que identifican a cada uno de ellos.

---

1 Expresión venezolana para indicar que algo o alguien es de mala calidad, de imitación, de poco fiar. www.asíhablamos.com

| VENDEDOR TAPA AMARILLA | VENDEDOR DE MARCA |
| --- | --- |
| Cree que su producto es para todos | Su producto tiene un nicho y resuelve un problema o dolor específico. |
| Les encanta este misticismo alrededor de vender, creen que son únicos, que se nace como vendedor y qué hay que tener una personalidad especial y creen que nadie más lo puede hacer | Él sabe qué se aprende a vender, sabe y lo cree, porque lo ha vivido, es algo que todo mundo puede hacer si sigues una metodología y se educa. No hay ningún misticismo, no hay ninguna magia. Vender es mitad arte, mitad ciencia que puedes hacer si tienes una guía general. |
| Los motiva su ego. Seguramente has escuchado este tipo de vendedores que te dicen: yo soy el mejor, yo le vendo lo que sea a quien sea y no me importa a quien me lleve por delante. Este tipo de vendedores tienen el ego por encima de todo, el hacer dinero él, el beneficiarse primero él. A veces les funciona y a veces les ocasiona grandes caídas. | Los motiva tener impacto y vivir su pasión. Se preguntan ¿Cómo está ayudando mi producto a la gente?, ¿Cómo estoy agregando valor?, ¿Cómo voy a mejorar la vida de la persona que interactúa conmigo? ¿Qué influencia tengo yo a la hora de hablar con ellos? Vive su pasión, porque el producto que está vendiendo es algo que le apasiona. Si tu producto no te apasiona tienes que empezar a reconsiderar el tema. |
| Se enfoca en cerrar ventas | Abre relaciones |
| No tiene clientes repetitivos | Si tiene |
| Omiten información si el cliente no pregunta o no conviene para su cierre de venta. | Son honestos con ellos y sus clientes. Si el cliente ve un punto débil en el producto, pueden llegar a convertirlo en un punto fuerte. Por ejemplo cobro de mantenimiento para el cliente puede ser un punto débil, pero en realidad es una garantía de la calidad, de esa forma se convierte en un punto fuerte. |
| Se quejan de todo | No pierden tiempo quejándose, toman acción. |
| Tienen mentalidad de escasez | Tienen mentalidad de abundancia |

Lo que vamos a aprender aquí es una transformación a la hora de vender. No es vender como te lo han enseñado antes, este es un concepto nuevo de ventas que tiene que empezar por ti.

Yo estuve en la industria vacacional desde los 18 años y aprendí que si estás vendiendo vacaciones, el primero que tiene que amar vacacionar eres tú. Es como ir a un restaurante de carnes y que el mesero sea vegetariano. ¿Cómo te va a vender ese corte de carne si no le apasiona lo que está vendiendo? Te recomendaría que no lo hagas.

Habrá gente que lea esto y piense: yo tengo responsabilidades y compromisos; aunque no me guste tengo que hacerlo. Entiendo tu postura pero creo que si estás en ese punto ahora, tienes que empezar a hacer un plan para salir de ahí o para enamorarte de eso que haces. Te doy un ejemplo: a mis 30 años en una situación desesperada de mi vida entré a trabajar en la industria funeraria - una empresa de reconocida trayectoria en el desarrollo de cementerios privados - como gerente de mercadeo. En principio fue un duro golpe adaptarme y tomarle el gusto a lo que hacía, pero la responsabilidad de buscar recursos para mantener a mi familia me llevó a aceptar esa oferta de empleo. Al poco tiempo me apasionó tanto el tema de ayudar a las familias a tomar acción y ser previsivos antes de que llegara el momento difícil de la pérdida de un ser querido, que aún estoy ligado a esa industria.

Tu vida y la vida de la gente que te rodea van a ser mucho más gratificantes cuando estés viviendo tu pasión. Si no lo puedes hacer por ti, hazlo por los demás porque créeme que tus hijos, tu pareja, tu familia, te quieren ver bien y quieren lo mejor para ti, quieren que tengas una vida de valor e impacto y que sigas tus pasiones.

El vendedor tapa amarilla se dedica a cerrar ventas. Le encanta decir "yo soy cerrador". Términos para alimentar su ego y que le gusta usar no porque vender sea una actividad que le da empoderamiento, lo hace sentir grande o lo hace sentir fuerte. Los vendedores de marca nos encargamos de establecer relaciones. La diferencia estriba en que cuando cierras una venta te ganas una comisión; cerraste una transacción; diste algo y ellos te dieron pero no te preocupaste por crear una relación. Cuando estás enfocado en establecer una relación y crear una conexión emocional con tu cliente, no estás obteniendo una comisión, estás obteniendo una

conexión más en tu vida que a lo largo de toda su duración, te va seguir aportando valor a ti y a la persona a quien le vendiste. Es muy diferente empezar una negociación con la visión de "voy a cerrar esta comisión porque necesito el dinero" a comenzar una venta y decir "voy a crear una relación, voy a hacer que la gente se enamore tanto de mí que me den el dinero que me quieran dar no solo para hoy, sino por los siguientes 5, 10, 20, años". Las mejores relaciones de negocios, las mejores relaciones comerciales se hacen así, no con la presión de cerrar una venta.

EL vendedor tapa amarilla no tiene muchos clientes repetitivos, porque cierra ventas no abre relaciones; la gente no le compra una y otra vez; lo contrario del vendedor de marca.

En las ventas no hay espacio para la gente que omite información a la hora de vender o la gente que miente; esta es la regla de oro de las ventas: tú no mientes.

Cuando empecé a trabajar en empresas vacacionales, entré a una sala de ventas donde después de tres años de vender un producto como me enseñaron mis gerentes, mis clientes – incluyendo a familiares y amigos cercanos - empezaron a devolver los contratos. Me comentaban: Jesús, te queremos, pero lo que nos vendiste no era como nos dijiste. Mis gerentes me dijeron "así es la industria". Al otro día renuncié, se me caía la cara de vergüenza. No hay forma de que el mentir sea aceptable dentro de un proceso de ventas. Si tu objetivo no es nada más cobrar una comisión pequeña, si no crear relaciones de verdad con la gente que te permitan amasar una fortuna, mentir está totalmente fuera de contexto.

Es muy importante que sepas que omitir información es igual a mentir. No hay área gris en esto: en el momento que omites información relevante en el proceso de ventas estás escondiendo algo y eso es mentir, es un acto deshonesto hacia tu cliente y tu prospecto.

En las ventas no hay espacio para la gente que omite información a la hora de vender o la gente que miente; esta es la regla de oro de las ventas: tú no mientes.

Si tienes muchos años de experiencia y no estás de acuerdo con esto, permíteme, por favor, decirte  que después de mi experiencia de 20 años trabajando equipos de ventas, puedo asegurar que los mejores vendedores que conozco, son vendedores que nunca mienten, que nunca omiten información y que crean relaciones en lugar de solamente cerrar ventas.

Otra característica de los tapa amarilla es que se quejan de todo. Seguramente los conoces o inclusive puedes reconocer algunos de estos rasgos en ti. No te asustes, solamente hay que saber identificarlos y borrarlos. Mientras más cerca estemos del lado del vendedor de marca, mejor vamos a estar.

Decía que los vendedores tapa amarilla se quejan de todo: la crisis, la economía, cómo lo trató el cliente, de que le dijo que no, de que no termina de darle el sí... ¿Cuál es la diferencia entre un tapa amarilla y uno de marca a la hora de vender? Es que el de marca no desperdicia tiempo y energía quejándose si no que toma acción. Te hago esta pregunta de todo corazón. ¿De qué te sirve quejarte sobre tu rendimiento en ventas? ¡De nada!, es simplemente justificarte, cuando tú empiezas a decir en voz alta; uy no he vendido; la culpa es el dinero, de la crisis, la gente no tiene dinero o este mes no se vende por esto o por aquello; cientos de miles de excusas. Si eres muy bueno engañándote a ti mismo, las vas a hacer bien reales, y en el momento en que las dices en voz alta lo más probable es que otra persona lo repita; les estás dando excusas a todos y así no nada más tú las sientes sino que todos las sienten. Ya encontraste esa justificación y paraste de golpe tu progreso. No desperdicies energía quejándote; energía que podrías ocupar tomando acción. Te sugiero que cada vez que tengas una queja o justificación en mente, cambies la pregunta que te estás haciendo, porque recuerda que los pensamientos son las respuestas a las preguntas que nos hacemos todo el tiempo y ese pensamiento lleva a una emoción y esa emoción a una acción y es la acción la que trae el resultado. Entonces si sigues preguntando ¿por qué la crisis? o ¿por qué a mí?, no vas a tener buenos resultados. Hazte preguntas como ¿qué puedo hacer hoy?

¿Cuáles son las dos cosas que puedo hacer hoy para acercarme más a mis metas? Te va a cambiar la vida. Y así es como piensa un vendedor de marca.

Finalmente los tapa amarilla tienen una mentalidad de escasez. Seguramente conoces un vendedor que te dice: no te puedo enseñar porque es mi secreto, mi fórmula; y si tú ganas yo gano menos; si tú tienes yo tengo menos; no me gusta compartir mis ganancias; yo primero recibo, después veo si te digo o doy algo. Esa mentalidad donde cubres de negatividad a otra persona, es desperdicio de energía. Suele pasar mucho cuando te juntas con tapas amarillas. Ten en cuenta que todo esto es sumamente contagioso. La negatividad y estar rodeado de gente pesimista se van a dar de manera natural.

¿Qué hacen los vendedores de marca? Tienen una mentalidad de abundancia. Y la palabra abundancia mucha gente la usa ya, pareciera que es magia o misticismo. Créeme que soy la persona más práctica del mundo y cuando hablo de abundancia habló de que los vendedores de marca saben que hay que dar sin expectativa de recibir. La frase "sin expectativa" es todo el secreto de la abundancia. Puede que hayas conocido a alguien que da y da y da pero que luego está como esperándote a ver que le regresas. Eso no es dar

Dar es ayudar a todas las personas que tengas enfrente simplemente por el hecho de querer ayudar. Además, ayudar es de las sensaciones más satisfactorias, desde adoptar un perro de la calle a ayudar alguien que está empezando en la industria; a ambos le cambias la vida. Hace poco se me acercó un muchacho de 17 años que quería aprender a vender y no tenía idea de cómo empezar. Le di una sesión gratuita de una hora de coaching a la que él le sacó mucho provecho, pero yo gané diez veces más en el sentido de que me sentí satisfecho por estar alineado con lo que estoy haciendo y por saber que tuve impacto sobre la vida de otra persona.

Por tanto, la filosofía de los vendedores de marca es que dan sin la expectativa de recibir, dan porque dar es increíble y lo mejor de dar es que luego las cosas se regresan y siempre existe ese ciclo.

## LA MAGIA DE UN VENDEDOR PROFESIONAL

Hablemos de los requisitos verdaderos, no de los miles requisitos inventados que hemos oído en la industria o mucho menos de certificados. Es importante que sepas que en nuestra profesión y en el 95% de las profesiones que son de negocios, de comerciantes o de intercambio, los certificados son una industria. Tener un certificado de vendedor, es tan ilógico como tener un certificado de emprendedor.

Para tener la magia de un vendedor profesional necesitas encontrar un dolor. Cuando hablo de dolor me refiero a una necesidad que debe cubrirse para curar la insatisfacción. En todos los mercados a los que te acerques, si trabajas vendiendo cara a cara con alguien, en cada cliente tienes que ubicar un dolor porque si no tienes un dolor no tienes un negocio; si no tienes un dolor no tienes nada que resolver y la gente no te va a dar dinero por hacer nada ¿estamos claros?

Ejemplos:

En bienes raíces: tienes una pareja recién casada que vive en un apartamento de una habitación.

Se acaban de casar, están pensando tener hijos y necesitan más espacio. Es un dolor emocional que tiene, por lo general, más impacto en la mujer, pero en el hombre existe el dolor de querer proveer; de querer dar valor; de probarse a sí mismo que puede darle a sus hijos y a su familia lo que tus padres le dieron o lo que no le dieron. Ese tipo de dolor profundo es al que me refiero. Busca hasta que encuentres la verdadera raíz del dolor.

En los resorts o tiempo compartido donde trabajé por 6 años

Hay gente que vacaciona en hoteles y una buena exploración en el cliente es vital para conocer a quién tenemos enfrente y cada caso tendrá su dolor particular, pero que puede ser similar a poder proveer esta vacación. Por ejemplo "es la primera vez en diez años que tomaremos vacaciones". Allí puedes ver el dolor enorme de esta persona, que no tiene por alguna razón el ingreso para costear ese tipo de vacaciones. Si ubicas un dolor que haga sincronía con esa persona, vas a tener una gran posibilidad de resolverlo, de agregar valor, de ayudar a la otra persona, de hacer negocios. Pero cuidado, nunca con el énfasis de agarrar un dolor exprimirlo y manipular a la gente, hasta que haga lo que tú quieras porque están en un dolor muy profundo, esto es ser abusivo. Es como algunas industrias médicas cuando hacen dinero creando enfermedades; ahí te estás lucrando del dolor de una forma negativa.

Cuando puedes hacer que tu negocio resuelva un dolor de una forma positiva, es el símbolo de amor más grande del mundo y es exactamente de lo que hablamos en este libro, de poder, a través de lo que haces, a través de tu producto, ayudar a la gente a vivir una vida mejor.

Hablemos de la industria de los autos,

Tu cliente ha trabajado 20 años de su vida y nunca se ha podido dar el lujo de manejar un BMW, un Lamborghini o un Mercedes. En el momento que puede comprarlo, se lo vendes. Esta persona, créeme, que va a tener un alza gigantesca en su autoestima. Si estás haciendo que alguien se sienta motivado, estás creando esta historia, porque como vendedores lo único que hacemos es vender historias.

Si analizas marcas como NIKE, son zapatos hechos en China que probablemente cuestan $10 dólares y los venden a $100 dólares, ¿Por qué? No es por el zapato, sino por la historia que te venden. Si tienes zapatos Nike, te ven como un atleta, aunque no corras más rápido.

La marca ha creado toda una historia alrededor de un producto que resuelve un dolor; que no solamente resuelve el dolor de poder caminar o poder hacer ejercicio, sino que les permite cobrar precios premium por algo que podría resolver el consumidor con $10 dólares.

Mientras más conozcas los sueños de tu cliente, mejor estrategia de ventas vas a poder tener.

El segundo requisito para conseguir la magia de un vendedor profesional, es tener una solución al dolor. Tienes que preguntarte ahora, que ya tienes el dolor y tienes la solución correcta, ¿es la solución que tu mercado que está pidiendo o no?, ¿lo resuelve de la forma correcta?

Si una pareja está buscando una casa y quieren una casa de tres recámaras porque piensan tener dos hijos y tú les ofreces un departamento de una habitación, no hay coincidencia.

Tienes que identificar un dolor bien definido y encontrar la solución correcta y ¿cómo encuentras esto?, la forma más sencilla es hablando con tu cliente o mercado.

Vendemos cosas que la gente quiere; es por eso que ves en las poblaciones más humildes una casa de palos con una antena de DirecTV gigante y con un carro bonito en la puerta, es porque la gente pone antes lo que quiere a lo que necesita de verdad.

Tienes que saber cuál es la solución ideal en la mente de tus clientes a la hora de vender. Los que son empleados y venden un producto que no pueden alterar tienen que saber encontrar, a la hora de hablar con su cliente, el dolor; tienen que saber ofrecer la solución correcta de la forma correcta. Si tu producto no es muy flexible tienes que aprender a hablar de tu producto en las palabras que entienda tu cliente.

Resumiendo, requisito número uno: dolor; requisito número dos: solución; requisito número tres: educación. La gente que nunca ha vendido y que está leyendo este libro porque quiere aprender a vender a partir de cero, está dando el paso correcto.

La educación en ventas viene de dos tipos, del tipo práctico y del tipo emocional.

Si nunca tomaste un curso y como yo empezaste a vender de forma empírica y tuviste que aprender a los golpes, la educación emocional comienza cuando recibes diez "no" seguidos en una semana y dices "esto no es para mí, me voy". Te sientes mal cuando te dicen no y te afecta de una forma tan personal que daña tu autoestima.

En este momento estás obteniendo educación emocional y práctica que te van ayudar a tener una gran carrera en ventas y que van acelerar tu desarrollo. Con la emocional adquirirás la conciencia que requieres para que no decaer. Con la educación práctica adquirirás técnicas, palabras exactas, formar de cerrar, de crear urgencia; en todo eso profundizaremos más adelante.

El último y más importante punto es la persistencia. Por mucho tiempo creí que el éxito en la vida dependía de cuántos libros había leído, de las relaciones que tenía y la verdad es que el único común denominador que hay entre toda la gente exitosa, sean emprendedores o vendedores, es la persistencia. Esta es la clave del éxito en lo que sea que hagas en la vida. Puede que creas no ser la persona más inteligente de este mundo pero si intentas una y otra vez y no te rindes, tarde o temprano vas a encontrar la manera perfecta de hacer las cosas para que te funcionen (hacer que suceda). No rendirse, tomar acción, ese es el requisito más importante para ser vendedor. Ser persistente, no cansarse y aprender a no dejarte vencer por los "no".

Tenemos estos cuatro requisitos y si cumples con ellos te puedo decir que tienes todo lo que necesitas para vender un servicio o un producto con la magia necesaria para que seas exitoso. Si tienes muy clara en tu mente una respuesta profunda a la pregunta ¿qué dolor resuelve tu producto? Si tu solución es la adecuada y de verdad resuelve el dolor. Si, como mencioné antes, no tienes espacio para mentir u omitir información; si te educas en prácticas, técnicas, estrategias, expresión, speech, cierres, etc.; si tienes educación emocional para aguantar toda esta montaña rusa de emociones que es vender y si, más importante, eres persistente, serás exitoso.

Si vender fuera fácil, todos lo harían; todos cobrarían comisiones millonarias. La gente persistente es la gente que obtiene resultados. Mi experiencia de mayor tiempo es en la industria de cementerios privados y funerarias vendiéndolos en prenecesidad y créeme que es realmente difícil. Sin embargo, una vez que están claras las emociones que están involucradas, se consigue la solución adaptada al dolor del cliente.

Te educas en la industria y persistes hasta lograrlo. No querrás salir de esa industria porque te lloverá el dinero. Aun así, muy pocas personas quieren profesionalizarse en ese sector y es allí donde está la gran oportunidad.

## COMO OBTENER TODO LO QUE QUIERES EN LA VIDA

Aunque el título de este libro es "Servir Para Vender" me gustaría dejar claro que el servir no debe darse con el objetivo de esperar algo a cambio. Ese es el peor error en el que se puede caer y es el mensaje del tema que desarrollaré a continuación y con el que tengo la intención de enseñarte un modelo para operar desde el servicio, con el que espero vivas tu vida a partir de ahora. Si puedes hacerlo por lo menos un 10% más de lo que hacías en el pasado créeme que te va a cambiar la vida. El objetivo es enseñarte cómo puedes obtener todo lo que quieras en esta vida, en las ventas, en tu emprendimiento o en tu vida personal. Estoy seguro de que si sigues este modelo vas a obtener resultados brillantes.

Seguramente conoces a alguien que en la vida todo se le da fácil, que la vida ha sido buena con él, que tiene suerte. Me gustaría que conozcas el modelo para actuar que debe estar utilizando esa persona y que te puede cambiar la vida si decides actuar así desde hoy, es un modelo muy sencillo. Tiene tres letras, "DAR". Todos los libros que puedas leer sobre abundancia, todos y cada uno de ellos, hablan del tema. Te voy a ahorrar un dineral en libros que he leído sobre desarrollo personal; todos acaban en "DAR" como el secreto y la llave para atraer buenos resultados a tu vida. Hay mil técnicas y datos, pero si tú empiezas a "DAR" sin la expectativa de recibir, todo se te dará fácil, te pasarán cosas buenas y crecerás diez veces más rápido.

No es cosa de suerte, hay miles de ejemplos de dar, que han resultado en cosas increíbles. En lo personal tengo varias historias al respecto:

Una de las cosas que más me gusta hacer es ofrecer de vez en cuando durante el año sesiones gratis de coaching, sin expectativas de recibir y resulta que termino aprendiendo muchísimo más de lo que considero pude enseñar.

En las empresas donde he laborado he creado incentivos, premios, servicios que agregan valor al cliente sin cobrarles un centavo solo para servirles de acuerdo a sus necesidades.

A una institución de educación primaria y secundaria, que me contrató para aumentar el número de inscripciones escolares, les aconsejé realizar gratis las pruebas de diagnóstico para medir el nivel académico y aptitudinal de los estudiantes. Dichas pruebas se cobraban a razón de US$40.00 y me indicaron que estas pruebas tenían costos altos por la evaluación y tiempo que debían dedicarle diferentes maestros y psicólogos. Mi argumento fue mostrarles que estos profesionales en todo caso eran parte de la nómina, por lo que accedieron a realizar una prueba piloto de un mes. Con gran asombro recibieron la primera semana 200% más de solicitudes que el mes entero anterior y de esas solicitudes pudimos orientar un 20% de inscripciones nuevas. Fue sencillo determinar el porqué: en una encuesta que se realizó a los padres, uno de ellos informó que: "estaba preocupado por eso y el recurso que me suministró gratis el colegio me animó a tomar acción, ahora espero inscribir a mi hijo en este colegio; me encantaron las instalaciones y sus maestros".

Con mi equipo de trabajo, fuera del horario laboral me dediqué a dirigir grupos de mente maestra aportando a una comunidad laboral porque quise ayudar a otros, quise regresar a esa comunidad todo lo que me ha dado. Luego de esas sesiones me he reencontrado con algunas de esas personas que me han manifestado su agradecimiento por haberme enfocado en ayudarlos sin pedir nada a cambio; otras me han invitado a diferentes eventos; o simplemente me han recomendado y he conseguido negocios. A veces esta acción me ha regresado convertida en dinero y otras en conexiones humanas, gratificantes también.

Reitero que el secreto es dar sin la expectativa de recibir nada a cambio y puede que estés pensando en la gente que se aprovecha y abusa de esta situación. En esos casos hay saber marcar límites. Tienes que saber dar sin la expectativa de recibir, pero al primero que le tienes que dar es a ti. Por lo tanto, no seas una persona que da y da a todo el mundo sin quererse a sí mismo primero. El primer paso para poder dar es que seas abundante y pleno. Siempre date a ti primero; en lo económico, en lo espiritual, en todo. Así cuando estés en ese plano de abundancia vas a poder ayudar, no a una persona o dos, sino a miles. Mientras más abundante seas, mientras más recursos tengas, más vas a poder hacer y mayor impacto va a poder tener tu presencia y tu carrera como vendedor en todo lo que hagas.

Te puedo decir con toda seguridad que las personas que admiras y que tienen todo lo que tú quieres tener, consciente o inconscientemente siguen un modelo donde dan sin la expectativa de recibir. Dan de su tiempo, de su energía, de sus recursos. Busca oportunidades para dar sin recibir y es muy importante que a la hora de hacer negocios y vender también lo sepas hacer.

Un ejemplo es el típico cliente que todos hemos tenido y si no, lo vas a tener: acudes a 18 citas con él y muestra interés pero todavía no quiere comprar. No importa cuántas técnicas de cierre uses: todavía no compra. Esa persona requiere mucha inversión de tiempo de tu parte, dar sin la expectativa de recibir. Si le estás vendiendo y te dices "ya lo visité cuatro veces y no compró; lo voy a soltar", créeme que no sabes si es en la quinta o en la sexta, que vayas y hagas ese intento que la persona responda y te compre. He tenido clientes que me contactan una vez, en cinco años regresan y nada más porque estuvimos intercambiando correos, estuvimos en contacto, termina cerrando conmigo.

Más adelante veremos el tema de seguimiento. Allí exploraremos cómo crear sistemas automatizados que den valor. Lo importante es seguir dando sin la expectativa de recibir, porque tú no sabes si es ahora o en diez años o si alguna vez pasará, pero mientras más des, más recibes y esta es la clave.

Me gustaría que hicieras una tarea. Piensa en tu negocio, en tu proceso comercial. Sea lo que sea que vendas, tienes un modelo de negocios y tienes un proceso comercial que sigues. Quiero que te preguntes: ¿alguna vez he pensado en lo que le encantaría recibir a mi cliente, pero me detengo y digo: es demasiado, no le puedo dar eso porque si no ya no me compra? Por favor analiza seriamente que pasaría si se lo das, y no estoy hablando de que si trabajas en una tienda y quieren ropa y les des una camisa, no. Puede que tu cliente lo que realmente quiera es probarse la camisa en conjunto con otras piezas y tener quien lo asesore. ¿Lo puedes asesorar o te da flojera porque tienes una fila de gente por atender? Analiza qué puedes hacer para agregar valor y no lo has hecho y consigue la manera de hacerlo realidad.

Si vendes tus servicios, piensa en algo que sabes que tu cliente quiere, algo que sabes que lo enamoraría y que diría "mi proveedor me dio algo sin tener porqué hacerlo y me agrega mucho valor". Piensa en una manera de entregarle ese algo que lo impresione y lo deje "enamorado" de ti. Es un ejercicio difícil; no te estoy diciendo que regales tus productos o tus servicios; hay que saber crear una estrategia alrededor de esto. Encuentra algo de valor que de verdad quiera tu cliente, que puedes darle gratis como parte de tu estrategia comercial y que le agregue valor y ponlo en práctica.

Pasemos ahora a un tema significativo, que es una herramienta que puedes usar desde hoy: es una guía que he realizado a través del tiempo con la experiencia de más de mil vendedores y emprendedores de diferentes industrias y es un proceso que todo mundo sigue de una forma u otra.

El objetivo con este tema es que conozcas donde estás y dónde vas a estar en tu carrera como vendedor. Si conoces a dónde vas, tienes menos miedo, tienen menos resistencia y puedes anticiparte a cualquier contingencia; más importante aún: sabes que no estás solo y que es un ciclo por el que todos pasamos.

Quiero que conozcas el camino que han trazado miles de vendedores antes que tú, para que sea mucho más fácil  y puedas acelerar tu crecimiento para cuando afrontes estos picos bajos o altos, digas: "esto es normal; a todo mundo le pasa; no pasa nada; el único objetivo es seguir y ser persistente".

Cuando empiezas una carrera como vendedor, por lo general arrancas en uno de estos tres estados emocionales: desde arriba muy motivado; en el medio, indeciso o abajo porque simplemente no tienes otra opción. Estos tres niveles hablan de tu situación o tu inteligencia emocional.

Cuando estás arriba es cuando entras al negocio con una actitud muy positiva: no sabes nada pero confías en que lo vas a poder hacer; tienes ganas de comerte al mundo; te va a ir increíble; estás feliz; tienes nervios pero es un nervio emocionante. Cuando estás en el medio es cuando entras con una actitud neutra: es algo nuevo y te atreves pero no tienes mucha relación con las ventas. Cuando estás abajo, es cuando entras a vender con una actitud negativa: no tengo personalidad de vendedor; nunca lo he hecho. En ese nivel hay muchas inseguridades, pero créeme que la gente que logra salir de allí a vender, tiene unos resultados increíbles, Yo empecé arriba, queriéndome comer al mundo, y luego tuve que enfrentar miedos y situaciones que me hicieron decaer. La ventaja que tiene la persona que comienza en el nivel bajo es que muy difícil que decaiga porque ya sabe cuál es el peor escenario posible.

Luego empieza una especie de montaña rusa de tu carrera como vendedor: un "sí" te eleva, te hace feliz; que te digan que sí es lo mejor que te ha pasado en el mundo; tu primera venta; tu primer cierre grande; tienes muchas primeras experiencias y todo las inicia ese "sí".

El "sí" tiene un contexto emocional psicológico poderoso en los seres humanos. Cuando obtienes un "sí" de tu comunidad, esa aceptación te hace sentir íntegro, exitoso y auto realizado. Por supuesto el otro lado de la moneda, que es el "no" te puede ocasionar grandes decaimientos. Después de un par de años, por lo general, los vendedores ya no dependen mucho de un "sí" o de un "no". Siguen siendo importantes porque de allí vienen sus ingresos pero ya miden su éxito a través de un mes bueno o de un mes malo. A esa altura saben que el "sí" o el "no" son parte de la carrera. Lo importante es como filtrar los "no" y conseguir el "sí". Algunos lo ven como un juego de números, estadísticas de un proceso y puede que hasta cierto punto sea así; aunque cuando se vuelve número ¿qué diferencia hace el factor humano?, ¿para qué estás aprendiendo a vender? Hay estadísticas que establecen que vas a recibir cierta cantidad de "no" por un "sí". Tu trabajo al prepararte como vendedor con la educación práctica y emocional, es aumentar ese porcentaje, tener más ventas.

Mucha gente se dice "ya llevo tiempo en ventas, no he sido muy consistente, necesito mejores números; necesito hacer más cosas". Comúnmente hacen esta reflexión dos o tres veces por año. ¿Qué pasa después? Hay que persistir y concentrarse en el proceso; en el ciclo de relacionarse con tus clientes a través del servicio; seguir esforzándose al máximo; nivelar tus emociones al estado positivo; darle seguimiento a lo que estás haciendo; medir y mejorar con el estudio como ya hemos visto.

Hay muchos que no trabajan con el proceso y los perdemos. Vendedores que luego de recibir muchísimos "no" se rindieron. Quizás pensaron que era su personalidad, que estaban solos sin saber que es un ciclo, un proceso; que todos pasamos por esto y lamentablemente puede que hayan renunciado arriba de una mina de oro y solo faltaba excavar un poco más.

Por eso es importante informarse, educarse para saber que vas a pasar por muchas etapas dentro de los ciclos del proceso de venta y sentirás toda una gama de emociones, tanto positivas como negativas.

Retomando el tema: Luego de pasar dos o tres años dentro de esta industria, muchos vendedores comienzan a actuar desde el confort: venden, empiezan a ganar dinero, se sientes estables y piensan "ya entiendo la industria; así son las ventas; estoy cómodo; puedo vivir; puedo sobrevivir. En pocas palabras, encuentran su zona de confort y creo que esta comodidad o supuesta abundancia no es buena.

Me explico de forma más sencilla: me sucedió a mí. Tenía un buen trabajo como director de ventas, con altos ingresos, pero sentía que en 10 o 20 años no iba a ser suficiente para poder cumplir mis sueños, vivir mis pasiones y para ser congruente con lo que yo quería. Tuve que tomar más acción y salirme de esa zona de confort; fue la única forma como empecé a construir mi propio sueño, viviendo cada situación que aunque pareciera difícil era parte del proceso. Esa es la luz que te permite amar lo que haces, ganando con cada circunstancia y permitiendo que todo fluya.

## EL ÉXITO EN LAS VENTAS

Hice una pequeña investigación con una parte de los vendedores que he entrenado para saber qué les había funcionado bien y qué no les había funcionado. Hubo personas que tuvieron ventas sobre el millón de dólares y personas que apenas cubrieron sus gastos. Me gustaría que emularas a los primeros, tomando en cuenta el camino que recorrieron. Dentro de ese grupo de 20 personas, tuvimos por un lado vendedores de alto desempeño y por el otro, vendedores con un desempeño regular. Quisiera mostrarte a continuación las diferencias entre un alto desempeño y un desempeño regular para que las tengas presentes y procures que tu comportamiento se asemeje lo más posible al del vendedor de alto desempeño:

| ALTO | REGULAR |
| --- | --- |
| Empezaron con emoción y nervios | Igualmente empezaron con emoción y nervios |
| Tenían un porqué claro | Ignoraban su porqué |
| Estudian el material | Estudian el material |
| Toman acción (sin importar qué) | Posponen compromisos, tienen excusas. |
| Resultados = aprendizaje - proceso | Resultado= no (fracaso) sí (victoria) emoción - excusa |
| Reflexionan (qué hice bien – qué hice mal) | No reflexionan  (siguen sin cuestionarse) |
| Hacen cambios | No hacen cambios |
| Piden ayuda | No les gusta pedir ayuda |
| Persisten | Persisten |

1) Al ingresar a la empresa nueva todos tenían un estado emocional de nervios combinado con emoción; querían empezar cuanto antes; hacer de todo, comerse al mundo. Así empezaron los vendedores de alto desempeño y los de un desempeño regular. Así que esta primera característica es común de ambos lados.

2) Lo siguiente que vimos en los vendedores de alto desempeño es que tenían un porqué muy bien definido. Te doy el ejemplo de Robert. Su porqué estaba relacionado con dos sobrinas que adoptó, la necesidad de proveer para todos en casa y el orgullo de decir "le pude dar esto a mi familia". Su porqué era muy poderoso y vimos que es un común denominador dentro la gente de alto desempeño. Tienen un porqué que los motiva, que no solamente creen que sería bueno que tal cosa pasara sino que necesitan que eso pase porque se trata de su vida y de la vida de los que lo rodean. Así pues, hacen que suceda.

Por el contrario, los vendedores de desempeño regular muchas veces ignoraban su porqué. Nos dimos cuenta de que decían tener un porqué; lo encontraban pero tres meses después ya no era ese porqué si no otro. Así que, sin juzgar que esté bien o mal, creo que necesitaban un porqué mucho más fuerte.

Quiero insistir en este punto: pregúntate cuál es tu porqué ¿Por qué te levantas todas las mañanas y buscas tener éxito a la hora de vender? Si nada más es hacer dinero es válido, pero no es una razón profunda. Analiza cuidadosamente cuál es tu porqué y escríbelo: "yo quiero tener éxito en x y quiero vender más, porque quiero x".

Esa es la razón más diferenciadora y poderosa en los casos que he estudiado para tener éxito. Para formular un porqué debes tener ese motivo especial que te dará toda la energía y la actitud para hacer lo que tengas que hacer y para lograr lo que quieras lograr. Debes tener una razón muy poderosa por la que quieras llegar de un punto A (arranque, donde estás ahora) a un punto B (objetivos, metas, sueños) y no desistir en el camino. Al identificarla le estás dando mucho poder y vitalidad a tus ganas para lograr esos objetivos; estás asociando emociones intensas y positivas al deseo de alcanzarlos. Nunca será lo mismo plantearse un objetivo de ganar $ 100 000 en un año y ya, que proponerse el mismo objetivo estableciendo que serán para comprar una casa que será el hogar de la familia, donde cada uno podrá tener su habitación, un jardín donde jugará ese perro que tanto desean los hijos, que será propia y ya no más alquilada, etc.

3) Otra característica que identificamos en los vendedores de alto desempeño es que estudian todo el contenido de los cursos que les damos. Leen todo, asisten a todas las lecciones, se dedican a aprender y a educarse más. Hay que señalar que eso es algo que también hacen los vendedores de desempeño regular, así que hay ciertas características que no son la clave del éxito y otras que sí.

4) La diferencia fundamental está en que la gente de alto desempeño toma acción y la gente de desempeño regular se dedica a postergar y a poner excusas de todo tipo: "si lo iba a hacer pero tuve un compromiso personal que atender", "tuve que ir a pagar algo", "está lloviendo". Es importante que te esfuerces en los logros mayores. La conexión emocional es básica pero si tú no tienes una conexión contigo mismo y no estás actuando hacia dónde quieres ir no va a ser tanta la satisfacción que vas a sentir. La gente de alto desempeño que logró muchísimas cosas, nada más lo hacía suceder.

5) La gente de alto desempeño, ve sus resultados positivos o negativos como un aprendizaje, un proceso. La gente de desempeño regular ve el resultado como "fracaso o victoria", lo que ocasiona que se rindan y generen más excusas: "no me funcionó eso, hagamos otra cosa."

6) El siguiente rasgo de los vendedores de alto desempeño es que reflexionan. No es fácil adquirir la disciplina para hacerlo, pero es la clave del éxito, cada vez que ejecutes algo, que tomes alguna acción que te lleve a un resultado te preguntas ¿por qué paso lo que pasó?, ¿qué puedo hacer mejor?, ¿qué hice mal? Haz este ejercicio de forma metódica y obtendrás mejoras increíbles en tu próxima presentación. ¿Qué hacen los vendedores de desempeño regular? No reflexionan.
Ejecutan una acción y en lugar de preguntarse que estuvo mal o que podían hacer mejor, simplemente pasan a la siguiente acción.

7.- Vimos que todos los vendedores de alto desempeño hacían cambios. No solo reflexionaban sino que en su próxima presentación cambiaban una o dos cosas y probaban. Esto en marketing digital que veremos más adelante, se llama AB testing, que consiste en hacer la prueba A y la prueba B, y determinar cuál te funciona mejor.

8.- Notamos que los vendedores de alto desempeño piden ayuda, lo cual es fundamental.

Cuando me tenían a mí de coach me llamaban o mandaban mensajes, me pedían ayuda; si no me contactaban a mí, hablaban con alguien más y conseguían ayuda. Todos tenemos una comunidad de muchas personas que tienen diferentes experiencias de vida, diferentes experiencias a la hora de vender y te pueden ayudar; no tengas miedo de pedir ayuda. ¿Qué pasa cuando estás frustrado o atascado?, ¿cuándo no puedes ver más allá? Que si hablas con otra persona te relajas, tienes un aire fresco y perspectivas nuevas que te ayudan. ¿Qué hacen las personas de desempeño regular? No piden ayuda, se abruman y deciden hacerlo solos, sin que nadie los ayude; siguen por su camino. A veces tenían éxito y a veces no, pero no se daban esa oportunidad de crecer con la retroalimentación de los demás.

9) Vimos que tanto los vendedores de alto desempeño, como los vendedores de desempeño regular eran persistentes al hacer algo y volverlo a intentar.

Espero que con este análisis veas las diferencias que hay entre ambos estilos y puedas adoptar las características de alto desempeño que, en resumen, son: empezar con entusiasmo, tener un porqué bien definido, estudiar, tomar acción sin postergar o buscar excusas, enfocarse en los resultados, reflexionar, hacer cambios, pedir  ayuda  y persistir.

## ENFOQUE DE ABUNDANCIA

En este tema el único objetivo es enseñarte a ver el mundo desde un punto de vista de abundancia infinita. Quítale lo místico al término abundancia. Cuando hablo de abundancia estoy hablando de que tengas suficiente de lo que quieres tener en esta vida: dinero, amor felicidad, tranquilidad, cosas simples. Uno puede ser totalmente abundante en lo más sencillo de la vida.

Una de mis historias favoritas al respecto es la de Dane Maxwell de The Foundation: cuenta que estaba un día estaba sentado en un parque cerca de su casa literalmente haciendo nada. Había salido abrumado de su casa y se sentó en un banco cuando de repente comenzó a pensar en cómo hacer dinero con los bancos del parque; como mejorarlos o hacerlos divertidos. Empezó a hacer un ejercicio de tormenta de ideas, de creatividad y se preguntó qué pasaría si en la parte trasera del banco colocaba un aviso en LCD o en cualquier otro material donde pudiera mostrar publicidad. Este aviso cambiaría y mostraría anuncios publicitarios de acuerdo a los gustos de Facebook de una persona... Luego crearía una plataforma en Internet donde la persona que quisiera anunciar su negocio, vería en un mapa de Google, todas las locaciones de los bancos existentes en su ciudad. Le podría decir a qué hora y minuto y a qué tipo de perfil de personas se emitiría su publicidad en esos bancos. Para la gente que estuviera sentada sería interesante porque si le "dio like" a comida mexicana hace diez minutos, de inmediato tendría un anuncio de restaurante de comida mexicana. Agregaría valor para el comerciante que hace publicidad ya que estaría viendo en qué horario pasa la gente y podría mostrarles publicidad muy segmentada.

Este ejemplo es solamente una de las ideas y no estoy diciendo que tengas que hacer algo parecido, sino que es una forma de ver la vida desde un enfoque distinto. Hablo de enfocarte desde la abundancia y en lugar de ver dramas en todos lados, puedes ver oportunidades.

Tristemente en nuestros países y en muchas otras culturas, estamos acostumbrados a ver lo negativo en el mundo y de hecho más allá que acostumbrados, nuestra mente está diseñada a ver lo negativo. Hay estudios de Neurociencia que te indican que es tres veces más la cantidad de pensamientos negativos que positivos. Es normal, está dentro de nuestro ser y de nuestra composición biológica o física. ¿Porque lo hacemos? Porque si asumimos que todo es malo y todo nos va hacer daño, nos sentimos a salvo. Recuerda, tu mente lo único que busca es que te sientas seguro, cómodo, protegido. Por eso a la hora de tomar riesgos como vender o emprender donde te arriesgas a que te digan que no, a que te rechacen, vas a tener problemas porque tu mente te va a boicotear.

Es necesario que empieces a ver la vida desde un lado abundante, porque la primera clave para vender y emprender con éxito, es saber que tú como persona ya eres rico, aunque tengas deudas. Es primordial que seas agradecido y te des cuenta de toda la abundancia que te rodea. Si tienes un techo ya tienes más abundancia y estás más protegido que la mayoría de las personas ahí afuera; si tienes que comer, tienes una abundancia enorme. No hay nada que me dé más gusto que tener una mesa llena de comida y familia, para mí eso es abundancia. ¿Y porque te afecta positivamente esto a la hora de vender? No porque seas conformista y mediocre, sino porque cuando tienes ese sentimiento y esa visión de abundancia ante la vida, tienes la base de tranquilidad para actuar. Cuando actúas desde  la escasez y la ansiedad, desde el quiero más, voy a quitarle a fulanito, necesito hacer esto y me urge esta venta, lo vas a transmitir a tu cliente y en el momento en que tu cliente sienta tu ansiedad o tu necesidad antes que tu intención de ayudarlo, créeme que saldrá huyendo de ti.

Los que han vendido saben que es cierto, vender no es nada más que un intercambio de energía; a nadie le gusta hacer negocios con alguien que persigue, que "muestra el hambre". Si tu energía no es una de abundancia, nadie va a querer hacer negocios contigo. Es una regla de oro: nadie quiere hacer negocios con gente que no admira o que no le traiga muy buena vibra y energías positivas. Si alguien está actuando desde una base de ansiedad, de quiero ahorita, de no estar feliz y de no estar contento con su vida es muy difícil que actúe bien.

Claro hay situaciones donde esa energía es necesaria. Hay casos extremos, donde una persona que tuvo muy mala relación con el dinero, dice "nunca he tenido dinero, ya me cansé estoy harto" agarra motivación y comienza a ascender, pero ese ascenso no es sustentable. Esa persona crece y crece, pero no es un éxito integral porque sigue operando desde el malestar y resentimiento; con esa escasez y esa carencia personal que tenía.

Te reitero entonces la necesidad de tener un enfoque de abundancia, de buscar oportunidades por todos lados, de ser agradecido y darse cuenta de la abundancia que hay a nuestro alrededor.

En el capítulo "Las reglas del éxito" veremos el éxito es integral y te tiene que ayudar en lo económico, en lo físico, en lo emocional, en lo espiritual, en todas las áreas de tu vida.

## ROMPIENDO PARADIGMAS

Descubrí que los mejores vendedores rompen con los paradigmas tradicionales por una razón muy sencilla: tienen que aprender a pensar por sí mismos.

Uno de los recuerdos más significativos que tengo de las ventas es cuando tenía alrededor de 12 años. Mi mamá, emprendedora y vendedora, daba clases de yoga y un día cuando llegó a casa le pregunté ¿Mamá no entiendo como llevas 20 años con tus alumnas de yoga y no has abierto tu propio instituto? En ese momento me dio una de las lecciones más importantes de mi vida; me contestó: el camino de perseguir un sueño no es un salto, lleva tiempo, conocimiento de la gente que es la variable más grande del universo y no detenerte nunca, ser creativo, reinventarte constantemente". Ese mismo año inauguró su propia academia que hoy ya tiene 33 años de fundada. Lo que te quiero mostrar con este ejemplo es que no existen mapas

Existen miles de emprendedores buscando el éxito, haciendo o intentando hacer lo mismo que hizo gente famosa, como por ejemplo Steve Jobs. Uno de los fundadores de PayPal, Peter Thiel, magnate y gran vendedor, señala que la siguiente persona con ese nivel de éxito no va a ser quien que haga lo mismo que ellos; será alguien que haga algo totalmente diferente y que se acerque a la situación de forma totalmente diferente.

Si durante los próximos meses sientes  que alguna de la información aquí suministrada no te cuadra, no tengas miedo y busca una forma diferente que te dé los mismos resultados. Aquí te doy una guía pero si la cambias porque encontraste soluciones creativas que se adaptan a tu personalidad y van de la mano con tus clientes, ¡pues adelante! Si algo puedo asegurarte, es que vender es una experiencia que te cambia, que te ayuda a ser intuitivo y que necesitas desarrollar la suficiente confianza en ti mismo para decir "he estudiado, he aprendido y confío en que voy a reaccionar de la manera adecuada ante cualquier situación".

Los mejores vendedores que conozco rompen las reglas, siempre siendo creativos e intuitivos porque ninguna venta va a ser igual a la otra. Todos tus clientes son diferentes, individuos distintos con motivaciones totalmente diferentes. Rompe las reglas cuando sea necesario, siempre y cuando tengas constancia y veas los resultados; si no, aplica exactamente lo que venga en el libro y vas a tener el camino más seguro para ejecutar, para vender, para prospectar. En todos los diferentes temas siempre habrá variaciones.

No tengas miedo a romper las reglas y a decir "Jesús, me recomendaste esto, lo intenté sin obtener los resultados que quería pero intenté esto otro y me fue mejor. ¿Por qué funciona? Porque estás siguiendo tu instinto, tu intuición y cuando lo sigues tiendes a tener resultados y acciones que van en congruencia con quien eres. Con eso dicho, te invito a disfrutar de este libro sin restricciones ni ataduras, sin reglas pero si con mente muy abierta a la industria con más variables del mundo.

UNA CARRERA DE RESISTENCIA

Voy a empezar con una historia sobre una persona que tenía muchos objetivos y mucho trabajo que hacer; de repente se dio cuenta de que lejos de tomar acción todos los días, de lunes a sábado por ejemplo, haciendo cosas que lo acercaran cada vez más a su meta, esta persona durante tres días se olvidaba de sí mismo, de su salud, de comer bien, de hacer ejercicio, e todo lo que te mantenía bien y en balance, solo trabajaba y se le olvidaba todo lo demás. Al cuarto día se desplomaba, saturado y cansado. Así es todo en la vida; es como cuando escuchas una buena canción una, otra y otra vez, a las dos semanas no la quieres volver a escuchar.

Eso va a pasar con todo, hasta con lo que más te apasiona en esta vida. También va a pasar a la hora de vender o de emprender. Lo que mejor funciona en una carrera de ventas, cuando estés aprendiendo cosas nuevas es hacer las cosas en dosis pequeñas o por bloques de tiempo, con lapsos de descanso obligados. Voy a usar de ejemplo este libro. Digamos que estás empezando a leerlo y piensas "voy aprovechar el fin de semana libre", "me voy a comer todo el libro de una vez". Te aseguro que cuando llegue el lunes vas a estar saturado, la información no la vas a internalizar bien y no vas a querer leer más del tema, por un mes. ¿Por qué? Porque poco a poco se llega más lejos; si es verdad que esos arrancones a veces son necesarios, sin embargo la mejor forma de acercarte al éxito siempre va a ser de una forma medida. Está comprobado que es mucho más eficaz medirte, obligarte a desconectarte y no perder el balance que tienes como ser humano. Basado en esto, crea una rutina para manejar esta lectura y para tu vida en general. Planifica bloques de una hora y luego te desconectas, haz otra cosa distinta; luego tomas 15 minutos para reflexionar sobre lo que aprendiste de este libro y al día siguiente, otra hora. En pequeñas dosis se aprende mucho mejor y por eso este capítulo se llama "Una carrera de resistencia", porque no es una carrera de 100 metros. No creo que quieras terminar ya y olvidarte de lo aquí expresado. Vender es algo que probablemente harás el resto de tu vida; entonces apréndelo una vez, apréndelo bien y nunca dejes de educarte.

Por otro lado, hay un mito que yo quisiera abordar, es un arma de doble filo que está planteada en un libro que recomiendo, "The 10X rule" de Grant Cardone, un mega gurú de las ventas. "The 10X rule" trata sobre tomar diez veces más acción para obtener tener diez veces mayores resultados. Cardone señala que el mayor problema de la gente es la inactividad y el no tomar suficiente acción.

Es cierto que necesitas tomar niveles masivos de acción de forma constante para tener resultados, pero creo que es un mito el poder tomar acción así el resto de tu vida. Suena bien, a todos no encanta el ego, pero al final del día debe haber un balance: si le das 10X a tu vida profesional, le tienes que dar 10X a tu vida personal, a disfrutar, al placer y a celebrar lo que has logrado. ¿Te imaginas darle 10X a la vida laboral por cinco años? He tenido jefes así, y he trabajado para gente que llevaba diez años sin vacacionar. ¿Y qué pasa? Que dejan de disfrutar lo que están haciendo. Regresamos al tema de la canción: dejan de disfrutar la canción. ¿Qué les toca hacer? Desconectarse por un periodo largo y esa de inactividad los hace retroceder y perder tiempo; perder momentos para poder encontrar ese placer en lo que antes hacían. Ciertamente la balanza no se puede inclinar solo al placer porque pierdes las oportunidades de lograr tus mejores resultados en el área profesional. Tomemos acción, pero el balance es la clave.

Debes establecer un día de la semana en el que no toques la computadora, no veas a un cliente, en el que de verdad te puedas desconectar y respetarlo religiosamente. Por supuesto, esto incluye el teléfono móvil.

Hoy no hay nada más importante que estar presente en lo que haces y de disfrutar el ahora, que es lo único que tienes. Si quieres convivir con tu familia pero estás pendiente de tu teléfono o quieres convivir con alguien pero estás hablando por teléfono... ¿Dónde está el darte prioridad a ti?

Recapitulando: es importante que tomes mucha acción pero es mejor que te organices tu trabajo en pequeños bloques de tiempo y lo cumplas de forma constante. Lento pero seguro, así nunca pierdes el ritmo; nunca pierdes tu calidad de vida y tu salud.

Recuerda: el éxito es integral en todas las áreas de tu vida y no puede existir si no hay balance entre ellas.

## CÓMO HACER DINERO EN LA VENTA

Esta lección te va a acercar a hacer dinero, cada vez más.

Empecemos por tu mente. Te voy a contar una pequeña historia de uno de los vendedores que más ha tenido éxito en una de las organizaciones que dirigí hace unos nueve años. Es una persona que vendía propiedades en cementerios privados. Lo vi después de dos años; estaba en su zona de confort y no estaba logrando el dinero que yo le vi ganar, así que lo invite a participar conmigo en un proyecto fuera del país. Luego de seis meses empezó a trabajar conmigo, a tomar más acción; empezó a conocer cada día más personas y más prospectos, simplemente planificando mejor el número de entrevistas diarias Al cabo de tres semanas con esta estrategia, esta persona regresa a mí y me dice: "Jesús estoy visitando cinco veces más personas que en mi país y no estoy obteniendo ningún resultado". Entonces me di cuenta de que había un problema en cuanto a la productividad y la prioridad de sus tareas diarias. Este persona se estaba desgastando al "disparar" a todo lo que se le pusiera enfrente; es decir visitando a clientes con un perfil no adecuado para el producto y es ahí donde debes hacerte una pregunta esencial y que debes considerar en todo momento: al levantarte, durante el día y al momento de reflexionar cuando finaliza tu día: ¿estoy haciendo lo que me llevará más rápido al dinero?

 Así de sencillo: al levantarte pregúntate ¿estoy haciendo lo que me llevará más rápido al dinero? Y sigue preguntándotelo durante toda tu rutina. Porque al final del día, el éxito que tengas como vendedor o como emprendedor se va a basar en las pequeñas decisiones que tomas a diario. No tienes idea de cuántos vendedores me han dicho "cuando tengo a alguien enfrente pongo todo mi empeño" pero durante todo el día se dedicaban a hacer mil cosas que no los estaban acercando al dinero, así que, tienes que priorizar tu día conforme a lo que te va a dar dinero.

Digamos, por ejemplo, que llegas a las ocho de la mañana a la oficina; te sirves un café; vas a tu escritorio;  revisas tus correos, Instagram: te metes a Facebook durante media hora y luego dices "bueno voy a hacer un par de llamadas", pero te distraes entre una y otra cosa de la oficina, noticias, compañeros y esperar a que llamen o entren clientes a la oficina y así pasas de tres a cuatro horas; vuelves a revisar Facebook; puede que hagas un par de llamadas pero te da flojera, te cansas rápido y ya son las 12 del mediodía;  sales a tu almuerzo de dos horas; demoras 20 minutos para tomarte un  café; de regreso le das la vuelta a la manzana;  llegas, pasa una hora y te tomas un receso para otro café. Así se te pasa el día...

Tú eres esa persona que estás ahí presente, el tiempo que se consume es el tuyo y el éxito que quieres está allí. Analiza tu rutina diaria y piensa ¿qué tareas me acercan más a hacer dinero?

Algo que me ayuda muchísimo a centrarme en las mañanas es meditar por lo menos 15 minutos; hacer mis afirmaciones que previamente he escrito y que son decretos de cumplimiento de los propios objetivos que me he planteado; hacer mi lista de cosas pendientes. Son diferentes técnicas que te recomiendo implementar. Me han funcionado para centrarme y de esa forma transformo mi estado emocional para operar mejor. Eso me acerca más al dinero. Llego a la oficina y reviso un par de correos relacionados con los negocios; eso me acerca más al dinero. Puede que pase 45 minutos revisando Facebook; eso me atrasa y me desenfoca. Si, por ejemplo, en lugar de empezar a hacer llamadas y de buscar prospectos sigo esperando en la oficina a que llegue alguien, no estoy avanzando nada; no estoy acercándome al dinero pero en el momento en que tomo una base de datos y genero una estructura de diálogo (speech), los siguientes 45 minutos van a ser de llamadas a todos mis prospectos; estoy dando pasos gigantes para acercarme al dinero porque mientras más gente contacte, es más alta la probabilidad de hacer una venta.

Para encontrar el camino más rápido al dinero, hay ciertas tareas que tienes que hacer, por ejemplo si estás hablando de marketing directo o de prospectar de forma directa ya sea por teléfono, con correos o puerta a puerta, contactar gente siempre es una actividad que te va a traer dinero; ir a una reunión del área de tu networking donde asista gente que solicite tu producto o servicio, te va a ayudar. Ir a las conferencias de dentistas y de médicos, de gente que requiera hacer más dinero en su negocio y que te necesite a ti, porque tienes una solución en su área, bien sea un seguro dental o asistencia médica en la que ellos puedan ser parte de la red y tú suministrarle cartera a cambio de que ellos agreguen valor con una limpieza gratis o chequeo general incluido. Ese tipo de acuerdos te hacen avanzar; la conexión humana es primordial a la hora de vender; mientras más conexiones tengas más dinero vas a poder hacer.

Pregúntate en este momento ¿cuáles son las dos cosas que puedo hacer hoy para acercarme más rápido a mis objetivos? Y ponlo en práctica. Al cabo de cuatro horas experimentarás resultados muy diferentes a los habituales y además estarás con más energía, más motivado. Si mantienes esta actividad podrás ir midiendo y corrigiendo para avanzar más y mejor hacia lo que quieras lograr.

Pregúntate si estás haciendo las tareas que tienes que hacer. Mucha gente del área comercial se involucra en todas las áreas de la operación y distrae su energía. Ten presente que tu único objetivo es traer dinero. Si eres dueño de una empresa o un emprendedor, tu único objetivo es traer dinero porque sin el dinero no hay empresa, no hay emprendimiento.

OBJETIVOS Y VISIÓN DE VIDA

Para elaborar tu definición personal de éxito, primero debes definir tus objetivos y visión de vida. Esa es la regla número uno para triunfar en cualquier emprendimiento.

Es importante que hagas la diferencia entre tu visión de vida (largo plazo) y tus objetivos a corto plazo. Si dices que tu objetivo es comprar una casa de 1 millón de dólares pero solo tienes 1000 en el banco, ¿cómo será tu emocionalidad a la hora de querer abordar ese objetivo que luce irreal? Sin embargo, hay una forma de hacerlo más fácil de lograr: acércalo a tu realidad. Establece como objetivo "tener un millón de dólares en la cuenta del banco en 10 años". De allí lo divides a "ahorrar 100 mil dólares por año"; luego "ahorrar 8333 dólares al mes" .Ve fraccionando tu objetivo (semanal, diario, por hora) hasta que luzca más cercano y factible. No es lo mismo pensar en un millón que en 8000 dólares.

Tus objetivos deben ser viables en el sentido de tus recursos actuales. No digo que no sueñes, te digo que evalúes bien tus recursos para evitar frustraciones. Si ganas 5 mil dólares y quieres pasar a ganar 50 mil dólares en seis meses, puede que sea posible pero vas a tener que hacer una reingeniería de todo el proceso que te lleve a eso y después de que tengas el objetivo diario, hacer una estrategia que te permita vender la cantidad diaria alcanzar tu meta. Revisa el promedio de lo que has estado produciendo y establece objetivos que puedas incrementar paulatinamente.

 Recuerda: tus objetivos deben estar alineados con tu definición personal de éxito, para que te sientas realmente motivado. Sin dejar de soñar, establece objetivos factibles y pon una fecha límite que te permita medir tu efectividad en lograrlos.

Me permito compartir el formato que uso[2] para el de establecimiento de misión de vida y objetivos para que hagas el ejercicio de elaborar los tuyos.

| Organizador de Visión de Vida. | | | | |
| --- | --- | --- | --- | --- |
| | | | VISIÓN | |
| | ¿Qué puedo hacer HOY? | A 5 años | A 10 años | A 20 años |
| En lo Profesional. | | | | |
| En lo Espiritual. | | | | |
| En lo Emocional. | | | | |
| En lo Económico. | | | | |
| En lo Físico. | | | | |

Instrucciones:
1) Diseña tu visión de vida a 5, 10 y 20 años. Define que quieres haber logrado, comprado o experimentado para esa fecha.

2 URZUA, Cris (2015).Todos venden. Edición Kindle

2) Define que puedes hacer HOY mismo para acercarte a tu visión a 5 años (Y lo más importante: ¡Hazlo!)  3) Revisa esta hoja todos los días y confirma que estés avanzando en el camino correcto hacia tu visión de vida.  4) Busca realizar tu visión de vida antes del periodo estimado. Una vez que lo logres, plantea una nueva visión que perseguir. Y recuerda... La felicidad está en el camino, en cada segundo que inviertes persiguiendo tu visión, no en el destino. Disfrútalo.

# HOJA DE CLARIDAD DE OBJETIVOS

| OBJETIVO 1<br>¿QUÉ ES? (SÉ ESPECIFICO) | OBJETIVO 2<br>¿QUÉ ES? (SÉ ESPECIFICO) | OBJETIVO 3<br>¿QUÉ ES? (SÉ ESPECIFICO) |
| --- | --- | --- |
|  |  |  |
|  |  |  |
|  |  |  |
| ¿QUÉ TENGO QUE DAR?<br>(DINERO, TIEMPO, ESFUERZO) | | |
|  |  |  |
|  |  |  |
|  |  |  |
| ¿QUÉ PUEDO HACER HOY PARA ACERCARME A ESTE OBJETIVO? | | |
| 1 |  |  |
| 2 |  |  |
| 3 |  |  |

**NOTAS ADICIONALES:**

# CAPITULO 3

## PROSPECCIÓN

En este punto me gustaría compartir contigo una recomendación muy precisa que te va a ayudar a internalizar y ejecutar mejor todas las herramientas, técnicas y estrategias que vas a aprender a partir de ahora.

Dicha recomendación es que antes de que empieces a trabajar en prospección, asegúrate de haber revisado bien los temas que hemos tocado antes. No saltes partes de este libro porque está hecho para crear una curva de aprendizaje; una curva emocional por la que tienes que pasar para obtener la base sólida de la pirámide que es la mentalidad. Con esa mentalidad apropiada es que vas aprender a vender a través del servicio y solamente después de que la tengas es que te recomiendo pasar a la parte táctica. Esa es la diferencia entre este libro y cualquier otro libro de ventas. Me gustaría que este aprendizaje te dure toda la vida; que no sea nada más un libro que después ya no aplicaste nada o que no te cambió la forma de pensar. Te pido entonces que si no has hecho la lectura completa hasta esta página, regreses a los temas que te faltan, los estudies y vuelvas después a este capítulo.

Si ya estás listo, te enseñaré cómo prospectar. Cómo tener más clientes, cómo hacer que todos los clientes que ya tengas regresen a ti, compren más o puedas conseguir clientes nuevos. Te mostraré diferentes estrategias en los próximos temas.

El único recordatorio que te haría es que tengas disciplina. Esa es la clave, media hora el día, dos horas el fin de semana. Recuerda establecer un horario de estudio para "Servir para vender"; un horario fijo donde tú puedas ir creciendo; si no lo haces pierdes constancia y no será fácil ejecutar las estrategias en su máximo nivel.

El contenido que verás a continuación es fundamental tu negocio y si aplicas al menos el 5% de lo que vas aprender, te aseguro que vas a tener, no solamente más prospectos sino prospectos más calificados y mucha más rentabilidad por prospecto.

¿MARKETING ES MÁS QUE VENTAS?

Depende del tipo de industria en la que estés o del tipo de producto que vendas. Hay muchas industrias donde la gente todavía llega a una oficina o a una agencia de autos o de seguros sin idea del producto y permite que el vendedor lo lleve de 0 a 100 en el proceso de la compra.

Actualmente, según estudio del Harvard Business Review, el 60% de la decisión de compra ya está tomada antes de que siquiera el cliente o el prospecto se encuentre persona a persona con el vendedor; es decir que el cliente que entra a tu oficina o que te busca de una otra forma ya tiene en un 60% la decisión de compra tomada. ¿Cómo interpretamos este hecho? Que las ventas están cambiando y estamos en una transformación del modelo comercial, que antes dependía totalmente del vendedor. Antes de Internet, el vendedor llevaba al cliente de 0 a 100, le daba opciones, lo emocionaba, le daba la solución adecuada, luego cerraba la venta y hacía seguimiento.

Hoy por hoy la gente analiza todos los detalles del producto antes de hablar contigo; te pide reseñas; compara desde su teléfono móvil en cuestión de segundos. Con todo lo que Internet ofrece, debes tener presente que ya no hablas con un consumidor tradicional que se conforma con lo que dice el vendedor; hoy estás hablando con un consumidor informado. Decía entonces que en el momento que tienes un nuevo consumidor, él ya tiene un 60% de la decisión tomada y lo que quiere contigo es cerrar ese 40% restante; quiere confirmar ciertas cosas que vio en Internet; quiere ver si de verdad hay alguien dando la cara en esta empresa; si las cosas son reales y es por eso que ya no podemos vender de una forma transaccional. La gente tiene ahora tantas opciones que si llega a un lugar donde la tratan mal, se va a ir porque ya sabe que existen otras tres opciones.

Tenemos que vender a través de experiencia y tenemos que asegurarnos de que este 40% del que todavía somos responsables, sea una experiencia increíble, sea una experiencia donde el cliente diga "wow este contacto humano es la razón por la que me voy a quedar con esta empresa para siempre"[3]

Tener a ese vendedor que no solamente lo atendió bien, sino que se preocupó por él, por su familia, es lo que va hacer la diferencia. Son tantas las circunstancias que ya no controlamos en un proceso comercial, que tienes que seguir creciendo y aprendiendo.

---

3 ROSALES, Carlos. (2013). Personas compran personas. Caracas, Venezuela: Consultores Neurosales.

No puedes ser el vendedor que se sienta a esperar que las cosas pasen. Debes ser proactivo y empezar a crecer dentro del mundo de las ventas modernas y utilizar las herramientas adecuadas de forma inteligente.



El objetivo de esta sección es evitarte a esa curva de aprendizaje dolorosa por la cual pasamos cuando intentamos hacer cosas nuevas a la hora de prospectar.

## # 1 NO TENER DEFINIDO TU CLIENTE IDEAL

Pregúntate ¿quién es mi cliente ideal? Cuando defines tu cliente ideal no solamente vas a poder definir mejor a quién le hablas sino cómo le hablas.

Por ejemplo, si tienes tiempo vendiendo seguros identifica a quién le has vendido antes y cuáles han sido no solamente las ventas más fáciles, sino los clientes que más disfrutas. Ese es el punto del cliente ideal: no solamente tener más clientes, sino tener clientes que hagan que ames tu trabajo porque no hay nada peor que construir un negocio alrededor de clientes que no tienen una conexión emocional contigo.

Haz una pausa en este momento, contéstate eso y escribe hasta que se te canse la mano. Una vez que tengas esta pregunta totalmente resuelta, que ya tengas una imagen de los clientes que tuviste en el pasado, tienes una buena idea de cómo es tu cliente ideal. Si no has vendido tu producto todavía, mi recomendación es que inviertas tiempo en hacer un poco de investigación. Lo primero que tienes que hacer es identificar cuál es el problema que tu producto resuelve, cuál es el dolor que está en la vida de las personas allá afuera y que tu producto les va a ayudar a resolver.

Sigamos con el ejemplo de los seguros. Si vendes seguros de vida, contesta las preguntas que se haría un jefe familia: ¿qué pasa si yo me muero?, ¿con qué se quedan mis hijos?, ¿quién va a pagar su educación?, ¿cómo van a vivir? Inclusive hoy en día los seguros ofrecen planes de retiro donde al no ocurrir el fallecimiento en la fecha estimada, devuelven toda la inversión más intereses, lo que lo convierte de hecho en una pensión. Esto resuelve el dolor que surge de la pregunta ¿qué me pasará cuando llegue a viejo y no tenga los suficientes fondos para mantenerme?

Si estamos hablando de algún producto alimenticio o un multivitamínico, la pregunta es ¿qué resuelve mi producto? Y no des respuestas genéricas como "incrementa la salud de las personas" o "te da más energía". Cada uno de sus productos tiene nichos de personas que buscan cosas específicas y allí es donde debes profundizar hasta tener las respuestas y solución para cada dolor. Si vendes un producto que tiene mucho calcio, investiga y encontrarás que mucha gente con osteoporosis lo está buscando. Imagínate quiénes son las personas con más posibilidad de comprar tu producto, investígalo a través de Google, de Facebook y después chequea exactamente quién ya está vendiendo algo similar a lo tuyo y a quién le está vendiendo. Si estás vendiendo algo que ayuda con la osteoporosis ve qué tipo de medicinas u otro tipo de variable utilizan, cómo compran y donde están. Si revisaste las ventas que tuviste antes e hiciste un poquito de investigación para ver cuáles son los dolores que tu producto resuelve y quienes ya lo están buscando, el segundo punto es que agarres una hoja de papel y escribas "mi cliente perfecto" arriba y definas tu cliente perfecto de una forma sencilla.

*Mi cliente ideal se llama Carlota, tiene entre 23 y 29 años; está en la universidad o recién graduada, empezando una carrera profesional. Está un poco cansada de tener que ir a trabajar y dejar a sus niños en la casa. Además de eso, Carlota los fines de semana cuando tiene tiempo libre va con los niños a una cafetería o al centro comercial, se sienta y conversa con sus amigas. Carlota en general ama su familia, está enamorada de ellos pero se siente un poco abandonada. Ella ha dado todo pero no se ha dado a sí misma, quiere más espacio social para ella.*

*Así de profunda debe ser la descripción de tu cliente ideal.*

*Pregúntate todas las variables, imagina tus clientes anteriores o los que ya investigaste, pero además quiero que lo idealices, que sea alguien perfecto para ti, porque a esa persona le vas a escribir tu mensaje publicitario. La gente escribe mensajes genéricos, y seguimos con el ejemplo de seguros: "protege a tu familia". Bien, protejo mi familia pero ¿cómo? Hay centenares de opciones para proteger a la familia desde cámaras de seguridad hasta una inversión en un plan de ahorros, educación. No puedes tener miedo de ser específico. Es válido que te surja la pregunta, ¿si soy tan específico en el mensaje me voy a perder a la gente de x o y mercado que también lo utiliza? Ese es el error que tu mente te hará creer; ese es el error que te hará perder tiempo. Crees que tu producto es para todos y el miedo de perder es mucho más grande que la habilidad y la concentración de ganar y está comprobado que lo que genera mucho dinero es hablarle a un mercado específico; solucionar el problema específico de un nicho que está buscando una solución.*

Te invito a que no pierdas más tiempo tratando de vender tu producto a gente que no quiere saber de él o que está apenas interesada, cuando hay otras personas pidiendo tu producto a gritos. Si solucionas esto, si ubicas y defines a tu cliente ideal en el mercado, serás exitoso.

## #2 NO MEDIR TU ESFUERZO

Cuando haces una inversión publicitaria, sea que inviertas horas de trabajo o dinero, tienes que saber exactamente cuánto estás invirtiendo y cuánto estás recibiendo. Si contratas a una agencia o usas una plataforma o un canal de marketing que no te diga exactamente cuánto invertiste y cuánto recibiste a cambio, estás en serios problemas. Si no puedes medir un esfuerzo publicitario empiezas a jugar a adivinar y va a ser difícil determinar cómo le hablas a los canales que te están dando más por tu dinero si no sabes cuánto te están dando en general. Hay muchas formas de hacer esto, depende mucho de cada canal, pero lo básico es que tengas al menos una tabla en Excel donde digas: invertí x cantidad de dinero en este canal de marketing; o compré x cantidad de pendones o flyers; o invertí tanto tiempo en un proceso de campaña x y esto fue lo que recibí.

Es indispensable tener un mecanismo que te permita saber cómo el prospecto llegó a ti. Un mecanismo para preguntarle cómo se enteró de tu producto, servicio, tienda; o cómo supo sobre la promoción.

Es indispensable tener métricas. De otra forma, no puedes cuantificar tu esfuerzo y menos vas a tener formas de escalarlo, porque no sabes exactamente si esa estrategia podrás aplicarla tres o diez veces más y tener mejores resultados. En resumen si no tiene métricas no uses esa plataforma, no contrates a esa empresa o busca la manera de crear tus propias métricas y que sean acertadas.

## # 3 HABLAR DESDE TUS ZAPATOS

Me refiero a lo comentado anteriormente sobre lo importante de conocer a tu cliente ideal. Voy a profundizar en el tema porque puedes tener un canal de marketing que sea excelente; puedes tener suficiente gente viendo tu anuncio en este canal de marketing, pero si las palabras y el mensaje que estás emitiendo no hacen clic en el corazón de tu cliente, si no conectan en un nivel emocional, no vas a vender ni a tener prospectos interesados.

Tu objetivo con cualquier impulso o con cualquier comunicación de marketing, es lograr que la gente lo vea y se sienta identificada; que sienta que tu producto o servicio les es necesario; que sienta que es verdad que refleja su personalidad y necesidades.

¿Y cuál es la forma para no caer en este error? Investigar. Salir al campo, hablar cara a cara con tus diez mejores clientes (si puedes grabar las conversaciones mejor aún) o investigar en Internet qué es exactamente lo que quiere tu cliente.

Para un proyecto que asesoro en Nueva York, solicité entrevistas de 30 minutos con diez vendedores que trabajan para dicho proyecto. Las preguntas que les hice fueron ¿Cuáles son los retos más grandes que tienes dentro de tu empresa?, ¿Cuáles son tus sueños?, ¿Cuáles son tus metas para este año?.

Escuché cuidadosamente sus respuestas y esas mismas palabras que me dijeron son las que estoy utilizando para definir los incentivos que otorgaremos cuando logren las metas que la compañía les ha fijado.

Insisto en este punto, porque los seres humanos nos creamos un mundo en nuestra cabeza; creemos que todos los demás son iguales a nosotros; creemos que la forma en la que vemos el mundo es la forma en la que los demás la ven. Y no es cierto. Cada persona tiene sus propios lentes y esos lentes la hacen asimilar la realidad de una forma distinta.

Si quieres venderle a una persona, tienes que saber cómo piensa esa persona y con qué palabras se comunica. Ahora te toca salir a investigar y tomar acción en definir tu mensaje, el mensaje que tu cliente ideal quiere escuchar.

## # 4 CALIFICACIONES

Este es el último error grave a la hora de prospectar. Es uno de los más comunes y te hace perder no solo dinero, sino algo que es mucho más importante que el dinero: tu tiempo.

Cuando me desempeñaba como gerente de ventas, los vendedores se me acercaban y me decían: "Jesús, yo no tengo un problema de prospectos. Yo veo mucha gente y reparto volantes por todos lados, pero no logro cerrar o postergan su decisión de compra; no los veo interesados, por más que intento cerrar una venta.

Es allí en ese proceso de reflexión donde puede haber factores de la actividad comercial que necesiten corrección y el primero que me gusta revisar es este: muchísimos vendedores y agencias de marketing no califican a sus clientes. Se acercan a la prospección con un enfoque tipo ametralladora; les gusta pensar que es un juego de números: disparan 400 balas y ruegan que alguna dé en el blanco. ¿Cuál sería la diferencia si empiezas a hacer tu marketing y tu prospección con un rifle de precisión, como un francotirador? Le das a uno, pero ese uno tiene todo el interés de comprar contigo. Entonces cuando calificas a tus clientes, cuando haces que ellos pasen por ciertos filtros antes de llegar a ti, estás ahorrando no solamente tiempo sino que vas a tener una vida más tranquila y vas a poder vender mejor.

Por favor haz una pausa y te pregúntate: ¿qué calificaciones debe tener mi cliente ideal para poder comprar?

Por ejemplo:

- Obviamente, tener el dinero
 - Tener tarjeta de crédito
- Tener un interés
- Tener algún tipo de asociación, es decir alguna relación con tu producto.

Determina todos los requisitos qué alguien debería que tener para comprar tu producto, servicio o negocio y hazlo antes de continuar leyendo.

Ahora que ya tienes la lista de todos los requisitos que debe cumplir tu cliente ideal para poder comprarte y que el proceso de compra sea fácil, tienes que preguntarte: ¿cómo logro hacerlo?

El primer paso que tienes que hacer es segmentar. Si quieres hablar con gente que ya esté interesada en tu producto, utiliza canales de marketing donde sea muy fácil identificarlos, como Facebook. Digitalizar tu mercado te va a ayudar muchísimo a conseguir los clientes que están interesados en tu producto, servicio o negocio. ¿Por qué? Porque Facebook, te da la posibilidad de no solamente poner tu publicidad en su red social, también te da la posibilidad de poner tus anuncios ante personas específicas.

Te voy a dar un ejemplo: Digamos que estás vendiendo canastas de vino y queso, de las que usualmente se usan para regalo.

Facebook te da la posibilidad de dirigir tu publicidad a gente que le haya "dado like" a una página de vinos y también te da la posibilidad de indicar que esa misma persona le haya "dado like" a una página de quesos finos. Tienes ahí un segmento de gente que de antemano ya aceptó tu producto y eso es de mucho valor. Segmentar también se puede hacer con la ubicación. Seguimos en el ejemplo de canastas: si eres un distribuidor independiente de canastas de vino y queso puedes negociar con un distribuidor de licores para ubicar un puesto fuera de su local o negociar para que ellos, que ya tienen un público cautivo, distribuyan tus canastas.

Pregúntate ¿dónde está mi cliente parado?, ¿cómo puedo llegar a él de forma específica? y ¿qué canales de marketing debo usar para descubrir esto?

El segundo pasó para calificar es hacer que la gente no solamente acepte sino que compruebe que tiene ciertas elementos que vas a necesitar para el proceso de venta. Te doy el ejemplo de la venta de resorts (industria en la que trabajé en mis primeros años de vendedor oficial) Cuando tú estás en una sala de tiempo compartido, no puedes sentarte con un prospecto que no tiene tarjetas de crédito; hay lugares que piden que la gente tenga uno, dos o tres tipos tarjetas de crédito, hay salas de ventas que piden que la gente indique cuánto ganan al año o al mes, en pareja o individual; si tienen hijos; si viajan una o dos semanas al año y los precalifican antes de sentarlos con el vendedor. Si nunca has oído estos conceptos puede que te parezca agresivo. ¿Cómo le vas a sacar esta información? Tan sencillo como hacer una encuesta que funciona perfectamente hasta para vender un seguro funerario: le puedes dar diferentes ángulos. Si estás vendiendo seguros puedes decir "te voy a mandar un cuestionario que necesito que llenes, porque esa información me servirá para justificar ante la empresa el financiamiento que entiendo te va a ser muy útil".

Si estás vendiendo casas, le dices a tu cliente "esta casa que te voy enseñar el día jueves es de unos propietarios que son muy especiales y necesito darles esta información, porque quieren saber que su casa va quedar en buenas manos, por favor lléname este formulario". Al final debes tener información sobre cosas que sean reales para ti, que funcionen para estar más cerca de cerrar el negocio; por eso es importante que califiques a la gente, que tengas un sistema: primero que segmente tu publicidad y segundo que califique la gente antes de que lleguen a ti de manera que evites perder tiempo y dinero.

No solamente estoy hablando en prospección sino también en ventas. Seguramente te estás preguntando cuál es esta herramienta mágica. Se llama copywriting.

Si no conocer el término copywriting prepárate para cambiar la forma en la que ves las ventas, el marketing y cualquier proceso comercial de tu vida.

En español el copywriting no es otra cosa que la redacción de textos persuasivos. El copywriter es quien escribe los titulares de todas las revistas que ves en los quioscos. Si vas manejando y ves una valla con un anuncio que llama tu atención, el copywriter es quien escribe las frases de esos anuncios.

Dicen que si una imagen vale más que mil palabras, un buen copy vale más que mil imágenes. Ese es el poder del copywriting.  Mi objetivo con esta sección es que tengas las herramientas básicas para convertirte en un buen copywriter. Que sepas identificar exactamente cuál es el dolor de tu mercado, cuál es el problema que tu producto resuelve y que lo puedas transmitir, no con tus palabras sino con lo que tu cliente te dice.

La primera ley del copywriting establece que buen copy es 80% investigación y un 20% redacción. Si quieres redactar una carta de ventas, un anuncio para Facebook, un anuncio publicitario para revista, un guion para la comunicación verbal, debes hablar el idioma del público a quien te diriges.

Para ejemplificar imagínate alguien que vende servicios de coaching y redacta su anuncio en Facebook usando frases como "Deseas transformar tu vida radicalmente y ser una versión óptima de ti mismo". Suena bonito pero tus clientes potenciales lo único que quieren es sentirse mejor consigo mismos; no sentirse abrumados; sentirse más seguros, tener confianza. Ellos no expresan ese dolor con las palabras "transformar", "radical", "optimizar". Si hablas con ellos, seguramente te dirán "me quiero sentir más cómodo; quiero tener más confianza, quiero que no me dé miedo hablar con la gente, quiero tener más control de mi vida". Por ello el copywriting empieza con investigación y un 80% del proceso de hacer un buen texto persuasivo, es hablar con tu cliente ideal. No hay que porqué complicarlo; no hay que usar palabras fashion o trendy porque creemos que suenan bien. Habla en el idioma de tu público objetivo, esa es la regla número dos del copywriting.

Para que empieces a practicar tus habilidades de copywriting, compartiré contigo una de las técnicas que aprendí en los cursos que hice sobre el tema: copiar a mano cartas de ventas de efectividad comprobada. Al copiar empiezas a entender cómo piensan los copywriters, cuáles son los ganchos y cómo te llevan por una curva emocional con solo poner una palabra aquí en lugar de allá. Busca en Internet esas promociones que te llamen la atención, escríbelas a mano y siente qué te sedujo, qué te llamó la atención.

Tómate esta habilidad muy en serio. Si la dominas, vas a dominar la habilidad de hacer dinero, de transmitir tu mensaje de una forma que la gente lo entienda e incitarlos a tomar acción que a fin de cuentas es nuestra labor como vendedores. No es presionar a nadie, sino nada más ayudarlos a dar ese salto, a tomar decisiones nuevas. Recuerda que nuestra mente nos quiere proteger de tomar riesgos y el copywriting es la mejor forma de evadir esa protección. Estás aprendiendo una habilidad que es magnífica, pero todo depende de tu disciplina para hacer esta tarea.

A continuación, encontrarás los elementos y estructura que te permitirán analizar las cartas que copiaste a mano, así como practicar y desarrollar tus propios textos persuasivos.

**Característica (C):** descripción física de tu producto o servicio. Las características son las cosas que hacen a tu producto o servicio único.

**Beneficio (B):** explica como una característica es útil o de beneficio para el cliente. Los beneficios contestan la pregunta ¿qué gano yo con esto? y deben de ser el centro de tu mensaje publicitario.

**Gatillo Emocional (GE):** los gatillos emocionales son temas de profunda conexión con tu audiencia ideal; al usarlos buscas conectar con ellos de tal forma que los motives a tomar acción.

**Botón Caliente (BC):** un fragmento de texto que tu prospecto no pueda ignorar porque habla nítidamente de lo que ellos realmente desean obtener a través de tu producto.

**Aniquilador de Riesgo (AR):** remueve cualquier tipo de riesgo a la hora de comprar ya que ofrece una garantía de alguna forma.

**Gratificación Instantánea (GI):** promete al cliente lo que quiere en un periodo corto de tiempo.

**Creador de Suspenso (CS):** usado mucho en títulos. Llama la atención del lector pero no dice toda la historia. Tampoco puede ser demasiado vago ya que el prospecto no pondría atención.

**Pintando una Imagen (PI):** descripción visual del resultado deseado por tu prospecto, usualmente a través de alguna metáfora. Fragmento de texto que le enseña al prospecto cómo será el futuro para ellos si toman la acción deseada. Prueba Social (PS): pruebas de que otros clientes han tenido éxito con el producto. Por lo general hecho con testimonios, reseñas, apariciones en medios conocidos y patrocinios.

**Manejo de Objeciones (MO):** durante la carta de ventas el prospecto empezará a tener objeciones para comprar el producto o tomar acción. Debemos manejar estas objeciones mencionándolas directamente en la carta de ventas. La prueba social y las garantías son buenas formas de manejar objeciones.

**Gato Encerrado (GE):** cuando algo suena demasiado bueno la gente piensa que hay algo mal. En este fragmento de texto el copywriter contesta la pregunta ¿cuál es el gato encerrado? Es decir, explica que no todo es tan perfecto como parece.

**Call to Action (CTA):** fragmento de texto que le da instrucciones claras al lector sobre qué hacer o como tomar una acción en particular. Puede ser comprar, pedir más información, llenar un formato, etc.

**Enemigo en Común (CE):** crear un enemigo para que tú y tu lector peleen en contra de él. Ahora eres un héroe peleando a su lado.

**El Gancho (EG):** es un beneficio persuasivo, una característica o una historia que haga que el lector quiera seguir leyendo toda la carta.

**Secuencia "Si tú ____, entonces..." (STE):** una forma de abrir al cliente y crear rapport. Ejemplo: "Si alguna vez has intentado vender... Sabes que no es fácil".

**Problema o Dolor (PD):** identifica el problema o dolor que tu cliente está sintiendo y que tu producto resuelve.

**Promesa (P):** una promesa hecha al lector. Una de las más famosas es "Tu pizza llega en 30 minutos o es totalmente gratis".

**Ciclo Abierto (CA):** un ciclo abierto se crea cuando le cuentas la parte inicial de una historia a tu prospecto y dejas la última parte para el final para crear suspenso y mantener su atención.

**Escasez (E):** crear mayor valor para tu producto o servicio indicando que el producto es escape de una u otra forma.

TRES PILARES DE LA PROSPECCIÓN

Te voy a hablar sobre los tres tipos de prospección que debes generar para tu empresa, cómo generarlos, cómo manejarlos y por qué son distintos.

El primer tipo de prospección son tus clientes actuales, la gente que ya te compró. El segundo tipo son tus referidos y el tercero son tus clientes en frío.

Veámoslos, entonces de esta forma:  en orden de efectividad y en orden de qué tipo de prospección te va a traer más dinero más rápido,  la primera persona que tienes que voltear a ver cuando quieres hacer más dinero es a tu cliente actual, a la persona que ya te compró una vez. ¿Por qué? Porque es de un 30% a un 60% más fácil que te vuelva comprar. Te recomiendo tener claro que estos son tus clientes VIP. Tiene que ser el cliente que sienta más consentido y complacido, el que tenga mayor conexión emocional contigo. ¿Y cómo lo vas hacer? Simplemente estando ahí; dando un servicio increíble; agregando valor constantemente, resolviendo sus problemas, a través de lo que sea que tu producto o servicio promete entregar.

Segundo, ten presente que tus clientes tienen un ciclo de vida. Sabes que hay solo una cierta cantidad de veces que le vas a poder vender a tu cliente, que depende de la naturaleza de tu producto. Si tienes un producto que todos los meses da cosas nuevas o que requiera todos los meses de una suscripción, sabes que vas a tener a tu cliente contigo de forma mensual, hasta que acabe de ser útil tu producto para él o hasta que algo pase que interrumpa ese proceso.

Siempre hay un ciclo de vida y tienes que sentarte y definir cuál es el ciclo de vida que yo has visto en tus clientes en el pasado. Es decir, hoy te compran, regresan en tres meses, qué interacciones tienes con ellos, cuándo te piden apoyo, cuándo puedes venderles más, de qué se quejan, qué es lo que les falta y en qué punto se desvanecen y ya no sabes nada de ellos. Si estás claro en esto, de forma permanente podrás crear promociones, planes de lealtad que ayuden a tu cliente actual a repetir la compra para él y su familia. Si lo haces bien, si lo sabes cuidar, si lo sabes respetar, si sabes ofrecerle beneficios, vas a generar por esa vía el dinero más rápido que con cualquier otra prospección. No los pierdas emitiendo mensajes confusos; si te compró por quien eres, la próxima vez no cambies la forma de comunicarte con él

Los referidos es la segunda venta más fácil de los tres tipos de prospección. ¿Qué es un referido? Una persona cuyo contacto te lo dio un cliente. Puede que un cliente te diga "véndele a mi amigo que le va a interesar", o te dé una serie de contactos. Hay ciertas formas de tener referidos que son más efectivas que otras. La primera es que tu cliente ideal te ayude a venderle a tu referido. ¿Y cómo logras hacer eso? Estableciendo incentivos y haciéndolo bien.

Digamos que vendes software y tienes una lista de diez clientes a quienes mandas un mail que diga: "Sr. Fulanito de tal si me refiere a tres personas y una de ellas compra, le haré llegar un reporte gratis sobre xxx". Si ese reporte es algo que a tu cliente le hace falta, con toda seguridad te referirá no a tres si no a diez personas. Pero si tu cliente sabe que ese reporte lo puede conseguir gratis en otra parte o que a ti no te costó nada, no habrá ninguna acción de su parte. Esa la diferencia entre ofrecer algo de valor o algo mediocre. Para ofrecer un incentivo hay que invertir dinero o tiempo en investigar qué es lo que motivará a tu cliente a suministrarte una lista de referidos.

También debes tomar en cuenta que el referido va a exigir el mismo trato que le das a quien lo refirió. Debes ser cuidadoso con esto porque he visto situaciones en que se le vende un producto al cliente y luego al referido se le pretende vender algo distinto, de menor calidad o con menos beneficios. Recuerda que, en resumidas cuentas, lo que hace cerrar la venta con tus referidos es el hecho de que ellos quieren lo que tiene la persona que los refirió.

Si en una empresa vendes tus servicios al dueño o gerente, es bastante probable que cierres ventas con otros gerentes, supervisores y empleados. Todos queremos lo que los demás tienen, sobre todo lo que tienen los de arriba; usa esto y bríndale mucho respeto a tus referidos.
Por último, hablemos sobre prospectar en frío. El primer paso atender para a una clientela en frío es agregar valor, luego segmentar y calificar y el tercero es convertir.

Cuando hablamos de un mercado en frío es fundamental iniciar la relación agregando valor, resolviendo algún tipo de problema. Solo así podrás segmentar y calificar a los prospectos de manera adecuada.

Si tienes una base de datos, si estás haciendo telemarketing, debes es agregar valor y ver quién responde: manda alguna promoción por email e identifica quién responde y quién no; la mandas dos o tres veces y vas filtrando y haciendo más pequeño ese universo. Ya que la base de datos y el contacto en frío es donde más tiempo pierdes como vendedor, la acción inicial al trabajarla debe ser tener una solución, regalo o un producto que estés seguro le interesa a la persona a quien te diriges. Si vendes autos crea una promoción, un descuento, un regalo, un reporte digital, que esté relacionado con la gente que quiere un auto. Por ejemplo, una guía sobre "Cómo elegir un auto dependiendo de tu edad". Si vendes vestidos de novia, una guía para "Elegir el vestido de novia perfecto"; una "Promoción 3 x 2 en vestidos de novia si vienes con tus amigas" o "3 x 2 en vestidos de graduación" y los envías a una base de datos de estudiantes del último año de bachillerato y ver quién responde. Hay muchas plataformas que facilitan el envío de email marketing.

## CUATRO PREGUNTAS CLAVES PARA UNA PROSPECCIÓN EXITOSA

Estas cuatro sencillas preguntas van a cambiar la forma en la que prospectas y son similares al ejercicio que aparece en el libro "DotCom Secrets" de Russell Brunson. Te suministran la forma más fácil de definir cuál será tu estrategia de marketing y cuál la estrategia de prospección que quieres ejecutar, qué canales vas a usar, cómo vas a comunicar el mensaje, etc.

Te invito a que las respondas:

*1) ¿Quién es?*
*2) ¿Dónde está?*
*3) ¿Cómo lo atraigo?*
*4) ¿Qué resultado quiero para él?*

Esos son los objetivos cuando hablamos de prospección. No quieres atosigar a la gente; no los quieres perseguir. Quieres que ellos vengan hacia ti, que se autocalifiquen y que llegue a tu vida, a tu tienda, a tu teléfono o tu correo preguntándote por más información. Por último tienes que tener bien claro qué resultado quieres para tus clientes para poder comunicarlo.

Anteriormente hablamos sobre el cliente ideal y de enfocarse en un nicho específico, de manera que ellos se identifiquen lo suficiente contigo para comprar tu producto. Ahora pregúntate dónde está tu cliente ideal; trata de ser lo más específico posible: ¿a qué tipo de restaurantes va?, ¿en qué café pasa su tiempo?, ¿a qué lugar va a hacer deporte?, ¿en qué sector de la ciudad vive?, ¿qué tipo de grupos de Facebook comenta o visita?, ¿qué tipo de libros lee?, ¿dónde va de compras?, ¿qué tipo de red social usa: LinkedIn, Facebook, Instagram?, ¿dónde está parado?, ¿dónde pasa la mayor parte de su día?

Si contestas esas preguntas, vas a saber dónde tienes que poner tus esfuerzos; en cuáles redes sociales: en qué canales de marketing o en qué tipo de esfuerzo en general tienes que invertir tu dinero o tiempo para aparecer delante de esas personas. Sin importar que producto o servicio vendas, debes definir dónde está parado tu cliente ideal para conocer dónde lo puedes encontrar. Este es el primer paso para definir tu estrategia de prospección.

En cuanto a la tercera pregunta, recuerda que no quieres atosigar a nadie; esa es la técnica antigua: pararse en la oficina de esa persona; buscarla todos los días; o si vendes trajes para graduación, pararse a las puertas de las universidades.

¿Qué puedes hacer para que la gente venga a ti? Lo primero que puedes hacer es agregar valor, es resolver algún dolor pequeño que tenga ya tu cliente, que no elimine la autenticidad de tu producto; que te ponga como una autoridad y que genere reciprocidad.

Para lograrlo debes mostrarle que sabes de lo que estás hablando; que eres el mejor en tu tema y le vas a aliviar un dolor para que él diga ¡Wow! Si esto es lo que esta persona puede hacer gratis por mí; si este es el interés que tiene en ayudarme ¿Que hará si le pago?

Te voy a dar un par de ejemplos para diseñar una estrategia:

Si vendes seguros, en lugar de tener un aviso que diga "vendo seguro" en cualquier red social o en tu página web, publica un reporte PDF con las cotizaciones de las cinco empresas más grandes de seguros o haz una breve guía relacionada con "todo lo que necesitas saber antes de contratar un seguro con cualquier empresa" contentiva de cinco puntos que eduquen a tu cliente, que lo hagan sentirse en control.

No promocionándote, ni vendiéndote. Agrega ese valor y al final redacta un texto sencillo como "si tienes dudas o quieres más información marca aquí" para que sus datos ingresen a tu centro de datos (embudo de conversión de prospectos) o contactos.

La otra estrategia que puedes usar es la reciprocidad. Por ejemplo: tienes un negocio de alimentos que traes de una granja o del campo y los quieres vender a restaurantes. En este caso, la decisión la toman los gerentes de alimentos y bebidas, los chefs o los dueños del restaurante y su requerimiento principal es tener la fruta y los insumos más frescos, de mayor calidad y al mejor precio. Puedes resolver su dolor inicial al darles una semana o un día de prueba de tus productos; puedes invitarlos a un evento que sea de interés para su negocio, una exposición de tu marca; puedes referir personas a su negocio. Así, iniciarás esa relación con el pie derecho ya que en el momento en que ayudas a alguien, cambias la impresión que tiene de ti en su mente y empiezas a generar reciprocidad, que en este caso, se trata de la capacidad de devolver o compensar al otro lo que hizo por nosotros.

Por lo general si alguien te ayuda, genera en ti la voluntad de ayudarle, de devolverle el favor. Es muy importante señalar que cuando te agradezcan, uses la frase correcta para responder. No digas: "tranquilo no es nada "o "a tu orden siempre". Responde con una frase que comprometa a esa persona; por ejemplo: "Sé que tú harías lo mismo por mí". Esa respuesta hará una marcada diferencia a la hora de retribuir el favor.

La cuarta pregunta se trata, básicamente, de tener claridad para ti... ¿qué es lo que quieres que tú producto haga por tu cliente?, ¿qué dolor va a resolver? y de nuevo, no te lo imagines. Habla con ellos porque las necesidades solo están en la mente de tu cliente. Es mucho más sencillo escuchar a tu cliente, saber qué necesidad tiene, llenarlos y abastecerlos de soluciones.

## REFERIDOS

Quiero abordar en profundidad el tema de los referidos porque son la venta más fácil; son la fruta que cuelga más bajo en el árbol y es donde vas a empezar a conseguir dinero de la forma más rápida posible.

**¿Qué es lo básico cuando hablamos de referidos?**

Los referidos son el corazón de muchos negocios de todo tipo, pero en especial de los negocios de servicios donde una buena recomendación es fundamental; donde el "boca a boca", el "te recomiendo a este abogado", lo que ahora se llama networking es la base para que te compren o contraten.

No le restemos importancia al saber obtener referidos, manejarlos, darles seguimiento y calificarlos de buena adecuada.

### ¿Por qué son tan importantes y son el corazón de muchos negocios?

Porque tener un referido es tener confianza de forma casi inmediata. Si mi mejor amigo me dice "ve con esa persona que es el mejor contador de toda la ciudad", hay un 75% de probabilidad de que yo contrate a esa persona porque asocio mi conexión emocional con mi amigo y el nivel de confianza que tengo con él.

En innumerables ocasiones, más cuando hablamos de servicio, no sabemos con quién ir; entonces las referencias ayudan muchísimo y aunque parezca increíble sólo el 11% de los vendedores piden referidos aunque están conscientes de lo importante que son.

**¿Por qué no pedimos referidos?** Por varias razones, algunas de las cuales ya hemos mencionado, como el hecho de exponerte a que te digan que no. Darle la vuelta a ese sistema para que ellos vengan a ti y no al contrario, es la estrategia en la que tenemos que trabajar.

**¿Por qué no nos dan referidos?** Si alguna vez pediste referidos a un cliente y no te fue bien, hay varias razones y la primera es que tu producto no cumplió las expectativas de ese cliente o alguien más le vendió expectativas a esa persona que no se cumplieron. En estas circunstancias es difícil que te den referidos, aunque tengas un buen incentivo, ya que de cierta forma estás exponiendo a tu cliente a que, si la persona a quien te refiere le pasa lo mismo, quede mal con ella.

EMAIL MARKETING (PARA QUE LLEGUEN Y HABLEN DE TI)

Hablemos de algo que me encanta y aplico para todas mis campañas porque es algo que me apasiona. Mezcla mi pasión por escribir, las ventajas de Internet, la posibilidad de que la gente se acerque a ti y la oportunidad de agregar valor a la vida de los destinatarios. Va más allá del mercadeo o prospección a través del correo electrónico.

Hay un dicho muy común dentro del marketing digital: "el dinero está en la lista", y me refiero a la lista de correos. Mientras más grande sea tu lista y mejor relación tengas con ella más dinero vas a poder crear. Para alguien que nunca ha vendido por Internet esto puede sonar extraño, pero he comprobado que sí funciona. Tengo campañas de email marketing y muchas personas en Latinoamérica generando muchísimo dinero a través de ellas. La clave es que te enfoques en hacer listas de calidad; de gente que esté interesada o te haya solicitado tu contenido.

Hay tres tipos de tráfico en línea (gente que está "dando vueltas" por Internet) y debes conocerlos si quieres generar tráfico a tu página web:

**a)** El tráfico que puedes pagar: contratas los servicios de un buscador como Yahoo, Google o Bing para que te manden gente a tu página.
**b)** El tráfico que puedes generar de forma orgánica: Me refiero al posicionamiento web; cuando haces campañas para que tu contenido aparezca entre los diez primeros resultados de Google o cuando compartes contenido en tus redes sociales que se convierte en un fenómeno viral. Un buen artículo o un post impactante puede generar de 40 000 a 1 000 000 de visitas o más a tu sitio web sin invertir ni un solo dólar, solo gracias a un contenido de alta calidad.
**c)** El tráfico que puedes generar a través de alianzas: hacer networking con otros negocios o personas para promocionarse mutuamente de manera que generen tráfico para ambas páginas.

El email marketing hace que tu potencial cliente llegue a ti, buscando más información.

Por supuesto que el envío de correos masivos genera un poco de temor: "¿parecerá spam?, ¿qué va a decir la gente de mí? En lo personal creo que no es spam si agrega valor; si tu contenido es bueno; si compartes material de alta calidad que les puede cambiar la vida o les ayuda a solucionar un problema de forma gratuita

Hay herramientas como "Active Campaing" y "Mailchimp" que utilizo mucho. Son plataformas de email marketing y de automatización de campañas de marketing en línea.

Con ellas puedes crear formularios de registro en una página web para recabar datos como nombre, dirección de correo, teléfono, dirección. De manera automática se crean bases de datos y tú segmentas por listas.

También puedes generar listas con los clientes que llegan a tu negocio. Cada vez que atiendas a un cliente puedes ofrecerle: "¿le gustaría formar parte de nuestra lista de correo? Es para hacerle llegar promociones e información de cómo puede tener en mejor estado el producto que usted compró" Si te dice que sí, lo anotas y una vez al día los pasas a esta lista de clientes presenciales. Luego puedes crear una lista de clientes que ya te compraron, otra para los referidos; puedes segmentar de varias formas porque es importante no hacer email marketing genérico. Tu email marketing tiene que ser personalizado. No te aconsejo hablarle igual al cliente y al referido; al cliente que ya te compró y al prospecto que no te ha comprado. No les vas a mandar la misma información, así que el tipo de comunicación debe ser distinta.   Finalmente te recomiendo herramientas como Wordpress y Optimizepress que son básicas para tener una página web que funciones para prospectar clientes.

## TELEMARKETING CON ÉXITO

Para aprender de telemercadeo debes saber algunas cosas básicas antes de levantar el teléfono y que te recomiendo incorpores en tu estrategia.

La primera es definir para qué vas a usar el teléfono. Mucha gente me pregunta ¿para qué llamar?, ¿para agendar citas o para hacer ventas? La respuesta depende del negocio que estés desarrollando. Si estás vendiendo un producto que vale de 500 dólares hacia arriba, debes usar el teléfono para concretar una cita donde puedas ir y ver a la persona cara a cara; igual para ventas de multinivel o seguros, que son complejas y que requieren una explicación; un compromiso más fuerte. El teléfono es para concertar citas, porque la conexión emocional que quieres crear, el nivel de compromiso que requiere tu producto, se genera mejor personalmente. Por otro lado, si estás vendiendo servicios de software, servicios recurrentes de telefonía o cualquier servicio que se pueda cobrar con cargo automático a tarjetas de crédito y cueste de 50 a 200 dólares mensuales, el teléfono es perfecto para cerrar ventas. Así mismo, el teléfono funciona muy bien si estás buscando donaciones para alguna causa noble.

El segundo punto básico que tienes que saber sobre telemercadeo es el seguimiento.

Muchas personas piensan que van a concertar una gran cantidad de citas o generar un gran volumen ventas de forma inmediata y la realidad es que solo se concreta el 1% de las llamadas.

A la hora de hacer telemarketing debes tener un esquema de comunicación para relacionarte de forma inteligente con cada interlocutor y eso me lleva al siguiente punto: tienes que empezar a crear relaciones.

Como caso típico: quieres contactar al presidente de una empresa para venderle tus productos de software; llamas todos los días y su secretaria o asistente te contesta que el señor siempre está ocupado. Es muy diferente que llames y cuando te digan que el ejecutivo está ocupado, agradezcas y cuelgues a que llames regularmente y saludes con mucha cordialidad al asistente o a la secretaria y vayas estableciendo una relación con esta persona a un punto que la tengas de tu lado. No llames con la expectativa de cerrar la venta de forma inmediata, o llamar solo para lograr la cita. Piensa en crear relaciones; que cuando la gente conteste el teléfono, identifique tu voz, sepa quién eres y le caigas bien.

El teléfono es una excelente herramienta. Aunque hay que enfrentar el hecho de que a nadie le gusta recibir llamadas de ventas, sigue funcionando y se siguen logrando citas y ventas. No dejes que el juicio de tu propia experiencia de vida, le quite validez a una herramienta que funciona si se utiliza con inteligencia.

Es importante recordar que una llamada es más personal que un correo. Cuando hablamos de vender y prospectar, estamos buscando encontrar una conexión emocional fuerte con nuestro prospecto. El mail es bueno pero el teléfono es más poderoso porque te permite ser más personal y establecer una mejor conexión emocional.

Como en otras técnicas, hay que aprender a lidiar con altos niveles de frustración, porque a veces pareciera que los resultados no llegan y mi recomendación es mantenerse enfocado en el proceso, revisar y cambiar algunos detalles del diálogo (speech), medir, reflexionar y tomar acción con más fuerza.

Otro tema que mucha gente me pregunta es: ¿cómo paso al que filtra llamadas? Me refiero al guardián, la persona que no te deja hablar con el tomador de decisiones (asistente, secretaria, trabajadora en la casa, pareja, hijos).

Nuevamente la clave es crear relaciones y agregar valor. Debes jugar con la tonalidad: cómo te escuchan al otro lado del teléfono. La gente crea una impresión de ti en siete segundos, cuando estás viéndola cara a cara. Cuando estas al teléfono la impresión toma de dos a cuatro segundos como mucho. Entonces tu tonalidad va a expresar mucho más de lo que digan tus palabras. Por tanto, debes trabajar en tener una tonalidad diferente, amigable y en control. Hay tanta gente haciendo mal telemarketing, que es muy fácil resaltar.

Telemarketing es uno de los trabajos que yo más respeto, porque es una actividad que conlleva altos niveles de frustración. Manejé un call center de una empresa telefónica donde debimos implementar intervalos de recreación para que los operadores pudieran bajar los niveles de frustración y levantar el ánimo que les permitiera tener la actitud adecuada para tomar nuevamente el teléfono.

Puedes esperar de 1% a 3% de conversión, solo para concertar una cita si estás haciendo llamadas en frío. Esto quiere decir que de cada 100 llamadas que hagas, vas a lograr de una a tres citas. Veo estas estadísticas y me pregunto: ¿cómo es que empresas multimillonarias siguen teniendo los típicos call centers que atosigan a la gente y siguen funcionando?

Si lo analizamos, llamar en frío no es una herramienta eficiente para un negocio  pequeño o mediano, Si tienes que hacer 97 llamadas para acordar tres citas y tienes que hacer diez citas para hacer una venta, estás perdiendo muchísimo tiempo y el tiempo es nuestro recurso no renovable más valioso. No obstante, puedes subir esos porcentajes si logras identificar lo que convierta esa llamada en frío en tibia o caliente antes de agarrar el teléfono. Este número puede subir a un 40% dependiendo de la industria, es decir, que de cada 100 vas a poder cerrar 40 en vez de tres, solamente si logras adelantarte un paso antes de la llamada, que haga más más cálida esa relación.

Un par de sugerencias si quieres empezar estrategias de telemarketing. La primera es que organices tus días con rondas de llamadas, para que la frustración sea menor y tus resultados mayores. Mide tu tiempo y haz varias rondas de llamadas de 20 o 15 minutos sin parar. Esto aumenta tu productividad y eficiencia.

La otra sugerencia es que mantengas un seguimiento claro y tomes notas de cada una de tus llamadas. Mientras más información descubras de tus prospectos, mejor. Lo que queremos es construir un perfil de cada uno de ellos

Es tan sencillo como hacer una tabla de Excel y tener un seguimiento. Ten presente que estás buscando crear relaciones. Si tienes una base de datos de 100 personas, esa base de datos te puede generar ingresos por un año entero si la trabajas bien. Necesitas una base de datos pequeña, responsiva, con alguna afinidad a tu marca. Los clientes leales vuelven a comprar y refieren amigos, familiares, vecinos, compañeros de trabajo, etc. A partir de ahí es que vas a crear una relación; conocer el nombre de la secretaria o de la trabajadora de la casa; ser amigable y hasta consentirlos por teléfono.

Veamos algunas ideas para organizarte y tomar acción exitosa al momento de realizar telemarketing:

Primero que nada ¿a qué hora lo encuentro? Los ejecutivos por lo general están ocupados en las mañanas pero siempre tienen algún tiempo libre. Si trabaja de 9:00 am a 5:00 pm, es probable que puedas conseguir que te atienda antes de la hora del almuerzo o a partir de las 6:00 pm cuando todavía siguen en la oficina pero ha bajado la presión del día.

Además deberías saber el nombre de la secretaria, asistente, la señora del aseo, la esposa, cumpleaños, profesión; todos los datos que te sean útiles para hacer seguimiento.

Si llamas a una oficina diez veces en 15 días y no te has aprendido el nombre de la asistente, estás perdiendo dinero; estás perdiendo la oportunidad de tener de tu lado a una persona clave puesto que es quien decide si hablas o no con tu potencial cliente y lo mínimo que puedes hacer es que tus llamadas sean diferentes y que seas simpático con esa persona.

Ejemplos básicos de frases que puedes usar para tener éxito en tus llamadas telefónicas, son:

**- Hola, ¿cómo estas Juanita?**
**- ¿Cómo va tu mañana?**
**- ¿Cómo estuvo el fin de semana?**
**- ¿Cómo va tu trabajo?**
**- Te ríes porque ya sabes por qué te llamo**
**- ¿Te tratan bien?**

Estas frases te permiten establecer una relación cercana que gana simpatía a tu favor y pone a la gente de tu lado.

Una recomendación final para esta sección es que siempre tengas una conversación, nunca leas un guion. Elabora una estructura para que te sirva de guía pero no la leas porque corres el riesgo de sonar como un robot.

Recuerda: "el proceso de ventas es: mitad arte y mitad ciencia". La ciencia es tener la estructura pero hay tantas variables que también tienes que ser creativo para hablar con las personas porque no todas reaccionarán de la misma manera.

# CAPITULO 4

## DE LLENO EN LAS VENTAS

Hablemos de los factores que vas a manejar para cerrar ventas y manejar objeciones. Para crear un proceso comercial que te lleve al "sí"; que te ahorre tiempo; que te evite el estrés; que puedas más persuasivo e influyente; para desarrollar  autoridad al hablar con tus clientes que es la forma más fácil de vender.

Estos factores son:

- Lenguaje corporal
-Tonalidad
- Balance Alfa Beta
- Estructura de la venta perfecta
- Cierres
- Manejo de objeciones

Manejarlos adecuadamente, te permitirá negociar agregando valor a los demás. No es manipulación, no es presionar a la gente. Es ayudar a las personas a dar el salto entre el espacio donde están paradas y tu producto que va a mejorar su vida. Ese salto que no se atreven a dar por miedo. Nosotros estamos ayudándolos a ver nuevas posibilidades; a mejorar su vida; a crear cosas increíbles para ellos y eso es lo que estudiarás a continuación.

## EL LENGUAJE CORPORAL EN LAS NEGOCIACIONES

Este es un tema donde hay varios mitos, algunas falsedades y mucha confusión en general. Varios gurús han tratado de convertir este tema en algo tan científico que lo han llevado a niveles que rayan en lo absurdo.

Sin embargo, es cierto que cuando hablamos de ventas, el lenguaje corporal tiene una importancia fundamental porque es parte de la comunicación no verbal de tu proceso. Dices más con tu cuerpo (65%) que con tus palabras (35%). ten eso siempre presente.

¿Alguna vez has entrado a un restaurante espectacular, con un mesero vestido impecablemente pero mal parado, mascando chicle y hablando por el celular? Con una sola postura está arruinando todo lo demás.

Así mismo, no importa cuán extraordinario sea el contexto en que vendes si el lenguaje corporal de la persona con la que vas a tener interacción no es positivo para ti ni para tu marca o producto. Y esa es una falla de algunos vendedores: no saben leer el lenguaje corporal. Por ejemplo, sales de una presentación de ventas y crees que te fue muy bien, que tienes oportunidad de vender y te quedas esperando la llamada para cerrar la venta; una llamada que nunca sucede. ¿Qué pasó? Fallaste en leer las señales que te dio el lenguaje corporal de tu prospecto y saliste de la reunión con una expectativa errónea de lo que iba a suceder.

SEÑALES NEGATIVAS Y POSITIVAS DE NUESTROS PROSPECTOS

Si sabes reconocer e interpretar las señales que te da tu cliente cuando está reaccionando bien o mal, sabrás si tienes el permiso de seguir vendiéndole o debes hacer una pausa y atacar esa incomodidad, esa objeción y cambiar la forma en la que te está percibiendo tu prospecto.

Las señales o Q´S negativos.

**Q 1: Postura de los pies de tu cliente:** hay una frase que dice que los pies son la parte más honesta de todo el cuerpo. Observa la postura de los pies de tu cliente:

si están totalmente viendo hacia ti, es que hay una comunicación directa con él, apertura e interés de su parte.

Si tu prospecto tiene un pie viendo hacia un lado y otro hacia enfrente esto significa que puede estar interesado pero está preparando la salida.

Cuando los pies de tu prospecto están totalmente viendo hacia otro lado, esta persona estar lista para irse. Esta situación se ve mucho en los eventos de networking: alguien trata aborda al conferencista mientras este se dirige a algún punto del local y atiende de lado a la persona que lo aborda, mostrando que su atención está en otro lado, que quiere seguir hacia donde iba antes de que la persona que lo abordó, lo interrumpiera.

**Q 2: Chequeo constante del reloj:** si mientras haces una entusiasta presentación de tu producto, ves que tu prospecto mira el reloj o saca el celular para ver la hora, significa que tiene la mente en otro lado.

Puede que tenga un compromiso o puede que se haya aburrido y esté pensando ¿cuánto más va a durar esto?

Cuando veas este tipo de reacción no tengas miedo a decirle "Disculpa ¿tienes algún compromiso?, no quisiera que esto nos tomara demasiado, si tienes algún compromiso, por favor házmelo saber" o pregúntale "Disculpa ¿qué hora es? Así el prospecto sabrá que notaste su distracción y esto ayudará a ganarte de nuevo su atención.

La mejor manera para evitar esta situación es pedirle un compromiso de tiempo antes de comenzar. Le dices "mi presentación tomará unos 30 minutos, ¿cuento contigo durante todo este tiempo? Al decirte que sí, ya tienes la mitad de la batalla ganada. Luego haz tu presentación entretenida. Para no aburrirse, la gente quiere recibir la información de una forma dinámica y divertida. Que tu producto sea "serio" no quiere decir que no puedas presentarlo de forma entretenida.

**Q 3: Rostro totalmente recargado entre las manos:** cuando tu prospecto tiene el rostro totalmente entre sus manos, mirándote fijamente, ten cuidado porque quiere decir que está abrumado, confundido con tu presentación.

Cuando estamos hablando con alguien que no habla el idioma de la industria que representamos y dejas caer cinco palabras técnicas de golpe, que para ti pueden ser básicas, éste puede abrumarse y no hay persona que tome decisiones cuando está confundida. Así que si ves esta actitud dile: "discúlpame creo que te abrumé un poquito, cuéntame cómo vamos, ¿te perdí en alguna parte?, ¿tienes alguna duda?" Si no tienes la aprobación corporal de tu cliente para seguir hablando, no lo hagas, estarás desperdiciando tu tiempo.

**Q 4:Espalda hacia atrás, brazo cruzados:** esta señal es la más conocida. En medio de tu presentación, el prospecto echa la espalda hacia atrás y cruza los brazos. ¿Qué quiere decir esto? Que hay algún tipo de resistencia. Si dijiste algo y viste una reacción inmediata de este tipo, quiere decir que ahí hubo algo qué no le gustó a tu cliente; o algo con lo que no estuvo de acuerdo; que él no va a poder hacer o que se le va a dificultar. En estos casos debes regresar al tema que causó esa reacción y averiguar: "señor noto que algo no le gustó ¿qué fue? Cuénteme por favor"

**Q 5: Cejas unidas, visión enfocada:** cuando estás hablando con tu prospecto y sus cejas se unen mientras enfoca la visión, significa que hubo algún efecto no necesariamente negativo pero algo le llamó la atención. Por lo general este gesto denota confusión. Haz una pausa y pon atención para determinar qué fue exactamente lo que atrajo su atención o no le gustó...

**Q 6: Comunicación entre parejas:** luego de cierto tiempo juntos, las parejas desarrollan un modelo de comunicación entre ellos basado en gestos, miradas o señales que el 90% de la gente no va a entender Si estás haciendo tu presentación a una pareja y notas cualquier señal o tipo de comunicación no verbal entre ellos (una mirada, un codazo) significa que se están diciendo algo y no quieren que te enteres. Eso no es bueno porque como vendedor necesitas la mayor cantidad de información para influir en el proceso de decisión.

Cuando notes este tipo de comunicaciones entre pareja, es muy sencillo y decir: "¿Todo bien? Ok continuamos." Habrá quien te cuente qué se estaban diciendo, habrá quien no. Inclusive habrá parejas que intenten darte una explicación. Solo presta atención y hazles saber que notaste su comunicación.

**Q 7: Toques en el cuello:** si durante tu presentación tu interlocutor se está tocando el cuello constantemente, por lo general es una señal de incomodidad. Fíjate en qué parte de tu presentación surgió este gesto y qué tan intenso es. Sin hacer una interrupción abrupta debes preguntar: ¿cómo vamos, te gustaría que revisemos algo, tienes dudas? Seguir indagando hasta entender estas señales.

**Q8: Lentes oscuros:** si tu prospecto no se quita sus lentes oscuros mientras habla contigo, esto, además de una falta de cortesía, es una obstrucción en la comunicación ya que no podrás leer sus señales a través de la mirada, que son muchas y muy importantes. Un truco muy útil en esta situación es decir "¿qué marca son tus lentes?, están muy bonitos ¿los puedo ver? Si te los da, los examinas brevemente, luego los pones en la mesa y sigues hablando. Aunque parece difícil, si hay algo de confianza y te llevas bien con esa persona, te dará resultado. Caso contrario, sigue tu presentación y en el tono más neutro posible, di "tus lentes no me permiten saber si me estás viendo, ¿todo bien?" Así de sencillo.

Estas son las señales que nos indican si hay alguna incomodidad en nuestro prospecto. Asegúrate de saberlas reconocer para poder manejarlas. Si las ignoras durante tu proceso de ventas vas a llegar al final y el cierre va a ser imposible porque no prestaste atención.

Muchos vendedores nos enamoramos de nuestra voz, hablamos y hablamos y no nos conectamos con nuestro prospecto, no estamos presente. Es fundamental darte cuenta de cómo reacciona tu entorno a tus palabras, qué impacto ocasiona. Eso es lo que ayudará a marcar la pauta y a entender mejor a tu cliente.

Señales o Q´S positivos

**Q 1: Piernas cruzadas, pie hacia arriba:** te indica que alguien está cómodo contigo, que puedes hacer la presentación relajado.

**Q 2: Rostro recargado en las manos, dedo índice rodeando el labio:** aunque se parece a una de las mencionadas como negativa, se diferencia porque el dedo índice del prospecto rodea su labio. Significa que está poniendo atención, que su cerebro está procesando la información y está tomando decisiones mientras hablas.

**Q3: Cuerpo inclinado hacia adelante:** si la reunión es alrededor de una mesa y tu prospecto inclina el cuerpo hacia delante, viendo tus documentos, significa que está interesado en lo que estás diciendo; lo tienes cautivado; está enfocado y poniendo mucha atención.

**Q4: Pies viéndote de frente:** tienes un canal de comunicación abierto.

**Q5: Empatía corporal:** cuando tu prospecto comienza a imitar tus movimientos o a demostrar sincronía contigo. Por ejemplo, cuando estás exponiendo tu presentación y hacen afirmaciones con la cabeza. O te sientas y ellos también lo hacen con una postura cómoda y relajada.

Hay muchos vendedores que intentan imitar a sus clientes y pueden hasta caer mal, porque muchas veces se nota. Es mucho mejor abrirte a una muy buena comunicación, entender a tu cliente para que ellos te imiten a ti.

**Q 6: Sonrisa verdadera:** tienes que aprender a reconocer una sonrisa verdadera y a diferenciarla de una sonrisa por compromiso social.

No es difícil puesto en que tu vida personal ya sabes hacerlo. Una sonrisa real incluye tanto el movimiento de la boca como el de los ojos. Si puedes obtener de tu cliente una auténtica sonrisa, es un gran avance hacia tu meta de cerrar la venta.

Te sugiero repasar estas señales frecuentemente, tanto las positivas como las negativas para que te entrenes en el arte de notarlas y poder tomar acción rápidamente para reforzarlas o corregirlas sobre la marcha, según sea el caso,

**TONALIDAD**

Hablemos de tonalidad; sobre cómo modular el tono de tu voz para poder llegar de mejor forma a tu prospecto y no solamente para llegar a él, si no encontrar la estrategia perfecta combinada con el contexto de tu venta y con la personalidad de tu prospecto, para que tu tonalidad te apoye en la misión de conseguir un "sí".

Toma en cuenta que "mismas palabras cambiando la tonalidad transmiten cosas totalmente diferente". En lugar de sacar a la gente de contexto usando un tono que no es el que esperan recibir de ti, utiliza un tono que exprese de forma exacta tu intención, lo que quieres decir y que vaya en congruencia con todo lo que te rodea.

Un clásico ejemplo de esto es cuando los padres les dicen a los hijos "no me hables en ese tono".

Hay una gran variedad de tonos que podemos usar y lo significativo para nosotros como vendedores, es que debemos estar conscientes de lo que decimos, no con palabras si no con tonalidad.

Hay coaches de ventas que se enfocan en este tema como si fuera algo muy complicado. Yo lo quiero hacer sencillo, para lo cual lo voy a dividir en tres tipos de tonalidad a utilizar y sus características, de manera que aprendas a decidir con quién usar cada tipo de tono.

El tono que busca rapport[4].

Este es un tipo de tono que usas para caerle bien a la gente, sin ponerla a la defensiva.

---

4 El rapport es el fenómeno en el que dos o más personas sienten que están en "sintonía" psicológica y emocional (simpatía), porque se sienten similares o se relacionan bien entre sí. https://es.wikipedia.org/wiki/Rapport

Probablemente lo escuchas cuando te habla algún operador de telemarketing o lo usa el típico amigo que quiere caer bien a todos.

Por lo general está en las notas más agudas de las últimas sílabas de la palabra Un ejemplo perfecto sería la persona que acaba de llegar a un nuevo empleo y está conociendo a todos. ¿Cómo saluda por lo general? ¡Hola, buenas tardes como estás! el "cómo estás" siempre modulado hacia arriba. Eso indica que no es una amenaza, que es alguien que llega alegre, alguien abierto y que está dispuesto a crear una relación con los demás

Es recomendable usar esta tonalidad cuando tenemos clientes que son inseguros. Para determinarlo, simplemente analiza el contexto a la hora de hacer rapport; Observa bien y te darás cuenta si es alguien tranquilo y confiado o si tiene mucha expectativa y nerviosismo. A estas personas no puedes hablarles con un tono de voz fuerte porque ocasionas que se ponga a la defensiva.

No es aconsejable utilizar esta tonalidad con altos ejecutivos o personas de poder dentro una empresa porque se presta a que lo interpreten como una falta de respeto o un intento de tu parte de ponerte a su nivel.

Utiliza esta tonalidad de buscando rapport con: a) gente que esté a tu mismo nivel en cuanto a nivel decisivo y económico. b) gente que se haya puesto a tu nivel y sea directa contigo. c) cuando no exista la necesidad de crear un ambiente de respeto y formalidad.

**El tono neutro**
El tono neutro, sin muchas inflexiones en la voz, te es útil cuando tienes una entrevista con alguien de alto nivel dentro de una empresa. Con ese tono de voz darás a entender que respetas esa alta posición pero que el trato será de igual a igual porque estás en su nivel y sabes jugar su juego, de manera que logres un equilibrio en la balanza y también seas visto como una persona de poder.

**Tono de romper rapport.**
Este es un tono bien especial que hay que manejar con cuidado. Algunos clientes actúan de forma abusiva y te dicen "te compro si me regalas esto".

Si te encuentras en esta situación y quieres dejarle claro a tu prospecto que lo que te está pidiendo es totalmente imposible, debes usar este tono que le indica al prospecto que ese tema no se toca, que a partir de ahí no se puede crear algo más. Puedes utilizarlo sin tener que decir que no, solo contesta: Señor, desafortunadamente eso no puede pasar. Usando un tono un poco más grave, enfatizando sílabas y dejando en claro que eso no va a suceder.

Este tono denota que tu posición de liderazgo es muy fuerte y que, de alguna manera, no tienes que tomar mucho en cuenta cómo se van a sentir los demás o lo que van a pensar de ti; por eso debes usarlo con mucho cuidado. Cuando sientas que es necesario, no tengas miedo de usarlo. Hay muchos líderes que son conocidos por esa tonalidad.

Es útil que sepas que puedes usar estos tres tonos en una misma conversación, qué tono vas a utilizar en cada parte y que lo moldees al contexto de tu prospecto.

Para resumir:

Buscando rapport:  ¡Señor, le pido que firme por aquí!
Neutro:  Señor, por favor firme aquí
Romper rapport Señor, necesito que firme aquí .

Con esto dicho ya conoces los tres tipos de tonalidades que puedes utilizar dentro de tus presentaciones comerciales y me gustaría que hicieras un ejercicio. Responde lo siguiente: ¿qué tipo de tonalidad de las arriba mencionadas utilizas cuando hablas con tus amigos?, ¿cuál utilizas con tus compañeros de oficina?, ¿cuál con tus prospectos?, ¿cuál con tu pareja?, ¿cuál con alguien que no conoces, un extraño?

Al responder estas preguntas notarás que todos tenemos tendencias de acuerdo a nuestra personalidad. Así mismo tomarás conciencia de que usar el tono inadecuado te puede crear problemas en tu proceso comercial: Si abusas del tono de buscar rapport puedes ser percibido como atrevido. Si siempre hablas en tono neutro, sin modular tu voz, estás perdiendo un arma para seducir a la gente y si solo usas el tono de romper rapport no te verán como un líder, si no como una persona autoritaria.

## DAVID CONTRA GOLIAT

## (ALFA vs BETA)

El balance del poder es un concepto interesante, muy bien descrito en el libro "Pitch Anything" de Oren Klaff.

Klaff establece que en cualquier negociación, no importa con quien sea, hay un balance de poder; hay una posición alfa y una posición beta. Esto lo ves en cualquier grupo social e incluso en una manada de lobos: siempre hay un líder. El que domina y ordena, posición alfa, y el que obedece y pide autorización, posición beta.

**¿Por qué es interesante?** Porque si llegas como beta a venderle al alfa, las interacciones van a ser muy difíciles.

Quieres llegar a una presentación de ventas y generar confianza, liderazgo, transmitir autoridad, sin ser arrogante ni pesado.

En pocas palabras, quieres posicionarte como alfa. ¿Cómo lo haces? En primer lugar, comunícate con la tonalidad adecuada: una tonalidad neutra, que indique que tu cliente es tu igual. Tu tono de voz debe ser respetuoso y directo, no sumiso.

**El segundo es transmitir confianza y energía.**

Y el tercero es no caer en las trampas beta. Para mantener su posición alfa, la otra persona tiene trucos para hacerte sentir en desventaja; el ejemplo más típico es dejarte esperando en la recepción. Una trampa beta es una forma sutil pero efectiva que te coloca en una posición de bajo estatus e intenta mantenerte allí, por debajo de la persona que toma las decisiones que has venido a visitar. Es una práctica común en casi todos los negocios y seguro ya conoces algunas de esas trampas: hacerte pasar a la sala de conferencias y dejarte allí solo por un rato, es otra.

Lo mejor que puedes hacer para no caer en estas trampas es marcar tus pautas desde el principio. Si la cita es a las 4:c40 y llegas a las 4:25 puedes llamar por teléfono a la persona con la que te vas a reunir o a su asistente y decir: "por favor ¿podemos asegurarnos de que la reunión comience a la hora?, tengo otro compromiso en 45 minutos.

Habrá quien de todas formas te haga esperar e intente hacerte caer en ese juego, consciente o inconscientemente. Si toma bien tus palabras, sentirá que está en deuda contigo. Si no, puede que diga "si quiere que espere". Dependiendo del contexto de la venta, es tu decisión si lo haces o no. Ten presente que si decides irte para luego insistir amablemente, tienes posibilidad de cerrar una venta y si decides esperar para luego hacerte el ofendido o la víctima frente a esa persona, estás cayendo en su trampa.

.Otra trampa beta es cuando en tu presentación te lo dicen "nosotros facturamos 50 millones de dólares al año; tenemos presencia en equis cantidad de países, etc. Esto pasa mucho con los diseñadores gráficos freelance a quienes con frecuencia les dicen "no te vamos a pagar pero vas a tener exposición, que te relacionen con nosotros ya es ganancia". No caigas en la trampa; tu producto tiene un precio. No tengas miedo a decir que no porque esa es la diferencia entre los emprendedores exitosos y los no exitosos. Siempre evalúa y pon en una balanza las ventajas y desventajas: si te invitan a un conferencia donde no te van a pagar, pero vas a hablar enfrente de 10 000 personas que podrían ser clientes potenciales, allí vale la pena ceder.

Es primordial estar atentos, saber respetarse, no perder el control y no desperdiciar su energía alfa.

Al final se trata de utilizar tu inteligencia y no dejarte llevar por las emociones del momento por temor a perder, esa es la batalla de David contra Goliat.

## GATILLOS MENTALES EN LA VENTA

Estos gatillos harán que la mente de tu cliente se active, reaccione y se emocione. Si los aplicas de forma correcta motivarán diferentes áreas emocionales de tu cliente a la hora de tomar decisiones de compra. Fueron creados por Jeff Walker, un gurú del marketing digital y serán básicos en tu presentación, para que la gente crea en ti, compre y tu producto tenga mucho más éxito, no importa lo que vendas.

Autoridad La gente siempre va a querer comprar de alguien que considera autoridad en un tema y la pregunta aquí es: ¿cómo te conviertes en autoridad? No necesitas 20 años desarrollando, estudiando o trabajando una materia para que te consideren experto.

Con la facilidad de hoy en día para obtener información y conocimiento, solo con indagar y aprender un poco más que el resto, puedes posicionarte como conocedor de tu área. El conocimiento y buen manejo de un tema inspira confianza y la confianza genera autoridad.

Te sugiero dos estrategias adicionales para agregar autoridad a tu marca personal.

**1) Entrega contenido atractivo, valioso y gratis.**

**2) Afíliate a cualquier asociación o gremio relevante de tu industria.**

## Reciprocidad

Para ilustrar este gatillo, permíteme contarte una historia real: cuando en 1935 Italia invadió Etiopia, México fue el primer país que se puso a favor de Etiopía y condenó la invasión de ese país por parte de los italianos. Al unirse otros países al rechazo, el intento de invasión fracasó luego de siete meses. 50 años después, en 1985, México sufrió uno de los terremotos más trágicos de la historia y Etiopía fue el primer país que les hizo llegar su apoyo junto con US$ 5 000, suma que parece insignificante pero que para  Etiopía, uno de los países más pobres del mundo para el momento, era más que importante.   La reciprocidad, entonces, es una de las bases que nos hace funcionar como sociedad y que debemos manejar adecuadamente. No esperes que te den porque diste algo, simplemente hazles saber: "sé que hubieras hecho lo mismo por mí".

¿Cómo puedes generar reciprocidad con la gente? Dando algún tipo de apoyo, regalo, dando contenido gratis antes, agregando valor a su camino antes y de esa forma, la gente siempre va a estar predispuesta a negociar contigo, a darte algo a cambio, a comprarte a ti. No tiene que ser algo material; puede ser un servicio y seguimiento excepcionales. Algo que genere en el cliente el compromiso de querer comprarte a ti y a nadie más porque eres tú quien los ayuda a resolver sus dudas o a tomar la decisión de compra adecuada.

Busca generar reciprocidad en todo lo que hagas: busca servir siempre pensando en cómo te gustaría que te trataran si estuvieras en el lugar de tu prospecto.

## Confianza

Nadie quiere hacer negocios con alguien en quien no confía; si le das tu dinero a alguien, querrás que ese alguien haga algo positivo para ti con ello.

¿Cómo puedes empezar a construir una relación de confianza con alguien que no conoces y tienes pocos minutos para hacerlo? Crea una marca reconocible; ten una estructura sólida y donde la gente pueda ver quién eres y que transmita confianza; una buena página web, tarjeta de presentación, etc. Otro elemento que genera confianza son los testimonios, cartas de recomendación, videos de clientes que han obtenido buenos resultados con tu producto o tu servicio; donde manifiesten lo bien que les ha ido trabajando contigo. Por último, y al igual que en los dos gatillos anteriores, nada mejor que agregar valor primero: si solucionas antes de pedir dinero, ten por seguro que construirás una sólida relación de confianza.

## Anticipación

La anticipación es crear en tu prospecto o tu mercado, ese sentimiento de emoción, de espera por algo que quieren. Si hablamos, por ejemplo, de turismo, haz que tu prospecto sueñe con esas vacaciones anticipadamente. Descríbele los sitios que visitará, las actividades que tendrán lugar; cómo lo puedes ayudar a programar los pagos; qué facilidades puedes darle para que pueda disfrutar de esas vacaciones que merece. Háblale con entusiasmo y hazlo partícipe de esa emoción.

La anticipación aplica para cualquier producto que vendas. Si vas a lanzar un nuevo producto, asegúrate de suministrar información a tus clientes, llevándolos por esta escalera de emoción. El día que tu producto salga al mercado, tendrás a mucha gente esperándolo lo que resultará en mayores ventas.


## Afinidad

Nadie quiere hacer negocios con alguien que no le agrade. En la actualidad, los compradores tienen muchas opciones e información sobre los productos que quieren o necesitan y van a ir con la persona que los trate mejor.

Crear afinidad con tus clientes significa ser alguien a quien ellos aprecian y admiran, que los entretiene, que los divierte; con los que tienen una relación constante y emocional. Esto hará que sea más fácil que compren lo que les ofreces.

¿Cómo puedes establecer afinidad con alguien? Crea empatía, entendiendo quiénes son, qué les gusta, cómo les gusta que hables con ellos. Recuerda que la gente quiere hacer negocios con gente que parezca a ellos.

Por ejemplo, si vas a reunirte con el CEO de una empresa, posiblemente es necesario que vistas de manera formal; no así si la reunión es con una comunidad de emprendedores que están empezando.

Otra forma de crear afinidad es siendo entretenido: la gente hoy en día está acostumbrada a recibir información de una forma divertida. Te doy como ejemplo las charlas TED que puedes conseguir en YouTube. Verás que las más exitosas son aquellas donde el conferencista hace reír mucho a la audiencia. Les entrega contenido a través del humor. Si te ríes con alguien es una señal de que están en una sincronía total, tanto corporal como verbal y mental.

## Eventos y rituales

Ser parte de una sociedad involucra cumplir con rituales. Este es uno de los factores que nos caracterizan como seres humanos.

Imagina que tu marca organice un evento anual que sea icono en tu ciudad; ya sea para una fundación, un coctel de emprendedores o un coctel de tu industria. Un evento memorable que la gente espere todos los años porque le permitirá conocer la tendencia de la industria; ver excelentes conferencistas; conocer gente notable. Asistir a ese evento se convertirá en un ritual que creará una conexión con tu marca y proporcionará una magnífica vitrina para tus productos o servicios.

## Comunidad

La comunidad es uno de los pilares fundamentales de este libro. Todos queremos ser parte de una comunidad. Es algo instintivo: somos animales de manada y nos gusta, porque nos transmite seguridad, aceptación y balance.

Cuando le das esta visión a tu producto, el enfoque de que no tienes solo clientes, si no que tienes una comunidad de personas que trabajan por lo mismo que quieres lograr, harás una mejor conexión con tu clientela. No tienes clientes de BMW, tienes una comunidad de gente que valora lo que es tener un BMW. No tienes clientes de desarrollo de software, tienes una comunidad que sabe que lo importante de estar actualizado en el nivel tecnológico.

Si promueves este sentido de comunidad, tus clientes van a reaccionar más y mejor; será más atractivo para ellos trabajar contigo. Pueden ser eventos de networking, comunidades exclusivas en Facebook, grupos mente maestra. Hay muchas actividades que puedes hacer para darle conexión humana a tu producto, no importa lo que vendas.

Generar una comunidad es importante porque los seres humanos tenemos miedo a equivocarnos o a tomar una mala decisión y nos sentimos más seguros si hacemos lo mismo que hacen los demás ya que nos permite justificar nuestra decisión y sentirnos parte de algo más grande. Por ejemplo, si estás en una ciudad que no conoces  y quieres decidir si entras al restaurant A o al B; ves que el A está lleno a reventar y B, casi vacío. ¿A cuál de los dos entras? Seguramente al A porque es el que está aprobado por la comunidad de esa ciudad.

Prueba social Este gatillo nos indica que "la gente se sentirá más inclinada a comprarte algo si puedes ofrecerles pruebas de que otros han comprado antes lo mismo y han obtenido buenos resultados"[5] y todo lo que valide la decisión que queremos que tomen nuestros prospectos es valioso para nosotros.

Por ello es muy útil diseñar una estrategia que subraye la popularidad de tu marca o servicio: reseñas en tu página web, testimoniales de clientes, fotos con personajes reconocidos.

Escasez Uno de los gatillos más poderosos porque está asociado al fenómeno humano que es querer tener las cosas que no podemos. Si la gente sabe o imagina que queda poco, que hay un número limitado o que se acaba la promoción, va a estar mucho más interesada en comprar ahora. Debes aprender a crear sentido de urgencia.

Para finalizar esta sección te sugiero que analices cómo aplica cada uno de estos gatillos mentales para tu producto; cómo los comunicas dentro de tu presentación de ventas y cómo vas a activarlos en tu prospecto la próxima vez que lo tengas en frente.

---

5 CIALDINI, Robert (2009). Influence, the psychology of persuasión. Edición Kindle.

# CAPITULO 5

## EL PITCH[6] DE LA VENTA PERFECTA (PVP)

En este capítulo hablaré sobre la negociación cara a cara y encontrarás la metodología para tu discurso que solo tendrás que personalizar y saber implementar. Al final tendrás una guía para saber qué decir en tu proceso de venta totalmente adecuada a tu negocio, perfil y producto.

Uno de los grandes obstáculos a la hora de vender es la creencia limitante de que vender es salir a improvisar y no necesita preparación. Cuando empecé a vender tiempo compartido, todos los días por los primeros tres meses escribía mi guion de ventas: las preguntas que tenía que hacer desde que me presentaban a la pareja, hasta pasarlas al cerrador; cuando empecé a cerrar, también preparé mi guion para cerrar negocios.

Si no lo has hecho antes, es hora de comenzar ya, para que no pases tu vida de vendedor improvisando.

## LA PRIMERA VENTA ERES TÚ

En este punto ya debes saber que la primera venta eres tú. Si no te vendes con tu cliente primero, será muy difícil que compre tu producto. Aunque ya lo mencionamos en capítulos anteriores, repasemos brevemente tres técnicas para venderte a ti mismo.

**Agrega valor rápido:** encontrar una forma impactante y personalizada que le diga a tu cliente "estoy aquí para hacer tu vida mejor". Ejemplo: Si en una reunión descubres que tu prospecto tiene problemas de productividad, compra un libro y se lo envías con una nota que diga: "escuché de tu problema de productividad, espero que este libro te sea tan útil como lo fue para mí en una situación similar". Su percepción hacia ti cambiará de inmediato. No tengas miedo a parecer falso: busca la forma de agregar valor que más se adapte a tu personalidad y a la de tu cliente.

---

6 En inglés informal: discurso. Nota del autor.

**Comparte tu historia:** hay una frase que dice "nadie puede evitar sentir empatía con alguien que conoce su historia". Si tienes un vecino gruñón pero conoces su historia (una infancia difícil, por ejemplo) no puedes evitar sentir empatía y compasión por esta persona; esto es algo humano. ¿Cómo puedes utilizar esta técnica para venderte con tu cliente? Cuéntale de ti. Cuando sea apropiado coméntale lo duras que han sido algunas situaciones que hayas enfrentado. No un monólogo de dos horas que a nadie interese. Hazlo de forma breve y que se dé naturalmente dentro de la conversación. Si te dice "tengo dos hijos", puedes contestarle "yo también tengo dos de esas edades y a veces no sé cómo manejarlos. ¿Cómo se portan los tuyos?" Aprovecha la oportunidad que te dé para conversar de un tema en común y contarle de ti mismo. Así ganarás un espacio en su cerebro como ser humano, más allá de ser vendedor.

Un buen ejercicio es escribir tres historias que tengas en común con tus clientes: familia, deportes, aficiones, etc. y define cómo las puedes comunicar. Así que, cuenta y comparte tu historia.

**Crea afinidad:** sé empático; háblales en su lenguaje y de los temas que le interesan; adopta su código de vestimenta y entrega contenido de forma entretenida Si te cuesta ser gracioso, aprende algunos chistes adecuados o frases simpáticas e inclúyelo en tu presentación.

TRABAJO PREVIO

Debes comenzar por una investigación a fondo sobre tu prospecto que recomiendo hacer previamente. Responde estas dos preguntas: ¿quién es tu prospecto?, ¿cuáles son sus intereses?

Para ello te sugiero aprovechar las ventajas de Internet e indagar sobre la persona usando tanto su nombre como el de la compañía para la que trabaja. Así podrías encontrar información sobre su rol en la empresa (cargo, nivel de decisión, a quién le reporta, etc.) y, a través de las redes sociales, datos sobre lo que le interesa. Puedes ver en Facebook a dónde fue de vacaciones, comentarios de sus amigos sobre los deportes que practican juntos, fotos que comparte sobre temas que le gustan, encontrar cuáles de estos temas tienes en común con él y de esta manera poder introducirlos en la conversación.

Si viste que tu prospecto compartió en Instagram una foto de motocicletas y es algo que tienes en común con él, en algún punto de la conversación introduces el tema, relacionándolo con tu venta. Por ejemplo: "hace dos meses compré una moto con un financiamiento similar al que te estoy ofreciendo. Al ver que el primer año era sin intereses, no dejé pasar la oportunidad". De inmediato se va a crear un valioso vínculo.

La segunda parte del trabajo previo a la cita, es enmarcar toda la conversación que vas a tener personalmente Si ya concertaste la cita para el martes y es lunes, ¿qué puedes hacer en este lapso de 24 horas para que puedas tener más posibilidades de vender? Al momento de cerrar la cita le dices: "le voy a mandar un correo con toda información que necesita para nuestra cita" y le mandas contenido de muchísimo valor; puede ser un caso de estudio con alguno de tus clientes exitosos; pueden ser testimonios o una lista de preguntas que necesitas que él conteste antes de verte. Haciendo las preguntas correctas como ¿cuánto te gustaría invertir en un producto que solucionará x problema?, ¿cuál es tu disponibilidad de tiempo para trabajar en esto proyecto? o ¿qué tan importante es este proyecto para ti? podrías tener de antemano información muy útil y valiosa.

Si la cita la hiciste para dentro de un cierto tiempo, haz algo que te mantenga en su mente como, por ejemplo, una secuencia de correos. El único objetivo es seguir agregando valor, posicionarte como autoridad y seguir presente en la mente del cliente.

Finalmente y ya hablando de ti, recuerda mantener una mentalidad de éxito y positiva. Aunque te suene extraño, toma un tiempo antes de llegar a esa cita para entrar en contacto contigo mismo, respirar y estar consciente de que no importa cuál sea el resultado de esa reunión: tú tienes todos los elementos que se necesitan para cerrar esa venta. Porque una reunión nada más es una batalla, no es la guerra entera, es solo el inicio de lo que va a suceder después. En el peor escenario posible, siempre te quedará el aprendizaje, la reflexión, el crecimiento. ¡Llega a esa cita con energía y felicidad!

## ENCUENTRO CON TU PROSPECTO

Como mencioné anteriormente, las personas tardan siete segundos en juzgarte, de allí que debes utilizar esos siete segundo en lograr una primera impresión exitosa.

De acuerdo con lo ya expuesto sobre lenguaje corporal y tonalidad, en esos siete segundos tu postura debe ser impecable:

hombros alineados, sonrisa genuina, frente en alto y los pies hacia el prospecto, para abrir un canal de comunicación directo. Una posición encorvada o manos en los bolsillos dan una pésima primera impresión. Con respecto a la tonalidad, si es la primera vez que hablas con esa persona, empieza la conversación con un tono neutro y dependiendo de su reacción, subes a una tonalidad que busque rapport o baja a una que lo rompa, según se requiera.

Hay dos puntos más que tienes que considerar dentro de estos siete segundos.

Uno en especial que parece obvio pero que genera incomodidad cuando debes tratarlo con tu equipo de vendedores: la higiene y presentación personal. La falta de higiene personal y la falta de pulcritud en tu presentación personal (mal aliento, cabello despeinado, zapatos sucios, ropa descosida, etc.) son inaceptables y terminan con tus posibilidades de venta y. Es así de sencillo. Demuestran la poca valoración y aprecio que sientes por ti mismo y si no te valoras y aprecias ¿cómo puedes hacerlo con lo demás? Para lucir impecable no hacen falta trajes costosos ni artículos de marca; basta con una esmerada higiene personal y una cuidada presentación personal.

El segundo punto que tienes que considerar es la proxémica, que es "la manera en que las personas ocupamos el espacio y la distancia que guardamos entre nosotros al comunicarnos verbalmente"[7], es decir que debes estar a la distancia correcta de tu cliente para no invadir su espacio personal y evitar incomodidad de su parte si te acercas demasiado.

Recapitulemos: tonalidad y lenguaje corporal; higiene y presentación personal; proxémica. Si sigues estas recomendaciones obtendrás una buena primera impresión.

Con respecto al diálogo o presentación inicial, puedes hacerlo de la manera que más se acomode a tu personalidad pero siempre tiene que decir quién eres; mostrar consideración con tu prospecto; hacerle preguntas abiertas para que se involucre de inmediato y comunicarlas con una tonalidad, neutra, alegre, que les haga saber que estás allí para él y que serás alguien agradable con el que van a pasar el tiempo de la presentación.

---

7 Una de las disciplinas que estudian la comunicación no verbal; fue creada en 1968 por el antropólogo estadounidense Edward Hall. Nota del autor.

## CONTROL DE EXPECTATIVAS

Luego de la primera impresión y la conversación inicial, pasamos al control de expectativas que consiste en decirle a tu prospecto lo que va a pasar mientras está reunido contigo. Debes informarle cuál es tu objetivo, por qué lo estás haciendo, cómo se va a sentir y cómo va a ser la experiencia. Esto se hace para evitar la ansiedad por parte de tu cliente, ya que necesitas que se sienta tranquilo y en confianza.

Ejemplo: "Carlos, mi idea es informarte durante los siguientes 30 minutos, todo lo que tienes que saber sobre mi producto. Mi objetivo es que tengas toda la información necesaria que necesites para saber si mi producto es o no para ti. Me gustaría que sepas que yo no vendo, ni presiono, me dedico de mostrar a la gente los beneficios de mi producto y si la gente decide que agrega valor a su vida, cerramos un trato. ¿Te parece si empezamos?" Haces silencio y esperas a que te diga que sí. No cometas el error de comenzar antes del "sí" de tu cliente.

Si el cliente te dice que solo tiene 15 minutos, mi recomendación es aprovecharlos para darle la información relevante pero de una manera que le deje curiosidad por conocer más y tengas la oportunidad de una segunda cita.

Te recomiendo, como ejercicio, redactar un discurso de control de expectativas que sea adecuado a tu producto.

## COMUNICA TU INTENCIÓN

Este paso puedes combinarlo con el anterior ya que es muy importante en cualquier proceso comercial.

Puedes variar el discurso indicado en "Control de expectativas" para agregarle un mensaje que lo comprometa a darte una respuesta. Por ejemplo: "Carlos, mi idea es informarte durante los siguientes 30 minutos, todo lo que tienes que saber sobre mi producto. Mi objetivo es que tengas toda la información necesaria que necesites para saber si mi producto es o no para ti. Me gustaría que sepas que yo no vendo, ni presiono, me dedico de mostrar a la gente los beneficios de mi producto y si la gente decide que agrega valor a su vida, cerramos un trato. Pero si no te doy la suficiente información para que tomes una decisión, quiere decir que hice mal mi trabajo.

***Entonces te pido que por favor me des un sí o un no ¿Te parece justo?"***

Esta declaración de intención es muy potente porque evita la tan famosa objeción "déjame pensarlo". Es probable que en la primera reunión no te pueda dar una respuesta, pero funciona muy bien si ya han tenido varias reuniones o estás vendiéndole a un consumidor directo. De esta forma, controlas el resultado desde antes y estás siendo claro con tu prospecto de una forma justa porque le estás diciendo "dame un sí o un no para saber que hice bien mi trabajo, si me dices déjame pensarlo, es que hubo algunos factores que no te supe explicar bien"   Aplicando este esquema pueden pasar tres cosas: compran; te dicen que no de inmediato, lo que es preferible a que te den largas en el asunto; o te dicen que tienen que hablar con un tercero (esposa, jefe, socio) y en "Manejo de objeciones" tocaremos ese punto.

Lo importante es que determines si esta estrategia va con tu tipo de producto o no y cómo la combinas con el discurso que construiste en "Control de expectativas".

## CREAR RAPPORT

En capítulos anteriores está establecida la importancia de crear rapport y la manera de hacerlo. En este, quiero profundizar en la magia de hacer las preguntas correctas y en escuchar las respuestas de tu prospecto.

Las buenas preguntas son la diferencia entre conocer y crear confianza con tu cliente, o conocerlo a medias y empezar a adivinar, a suponer durante tu proceso de ventas. A continuación tienes una lista de las mejores preguntas para indagar, hacer que tu cliente se abra contigo y empiece a decirte como venderle. Utilízalas intercalándolas dentro de una conversación normal y no como interrogador del FBI, modera tu tonalidad y siempre busca hacer reír a tu prospecto mientras lo conoces mejor.

Preguntas introductorias  (Cambia el automático "¿Cómo estás?" por estas preguntas)
**1. ¿Cómo te sientes hoy?**
**2. ¿Cómo estuvo tu mañana? ¿Qué hiciste?**
**3. ¿Qué tal va la tarde?**
**4. ¿Qué tan bueno ha estado el día?**
**5. ¿Cómo te puedo ayudar?**
**6. Antes de hablar de negocios, ¿Cómo has estado? ¿Cómo va tu vida?**

Preguntas de descubrimiento:

**1. Cuéntame, ¿Cómo crees que yo/mi empresa te podemos ayudar?**
**2. ¿Cuáles son los retos más grandes que tienes en cuanto a negocios, salud, dinero?**
**3. ¿Cómo vas con las metas de este año?**
**4. Quisiera entender mejor a qué te dedicas, cuéntame un poco más.**
**5. ¿Qué es lo que más te apasiona de lo que ya haces?**
**6. ¿Por qué estás buscando una solución/alternativa a lo que ya tienes?**
**7. ¿Por qué estamos aquí? ¿Cómo te puedo ayudar? (Cuando ellos solicitaron la cita).**
**8. ¿Qué tan urgente es solucionar esto para ti?**
**9. Si tuvieras una varita mágica, ¿Cuál sería la solución ideal?**
**10. ¿Cómo construirías esa solución ideal?**
**11. Con lo que te he contado ¿Crees que mi producto sea algo para ti? ¿Por qué?**

Preguntas a usar como muletillas:  (Utiliza estas preguntas para hacer que tu prospecto siga hablando y cuente más. ¡Usarlas dos o tres veces después de una pregunta de descubrimiento da resultados extraordinarios!)

**1. ¿Y qué más?**
**2. ¿En serio? ¿Por qué crees que eso pasó?**
**3. ¿Y qué paso?**
**4. ¿Por qué?**
**5. Wow, ¿Y luego?**

Puedes adaptar estas preguntas a tu industria o producto porque te van a dar muy buen conocimiento de lo que está buscando tu cliente. Luego de las preguntas iniciales cuando empiezas la fase de conversación plena con tu cliente y si fueron ellos quienes solicitaron la cita, puedes decir: "antes de entrar a hablarte sobre el producto, quiero asegurarme de que es para ti. Me gustaría preguntarte de entrada ¿cuál es la razón de nuestra junta hoy?, ¿por qué crees que te puedo ayudar? Esa pregunta es magnífica, porque ellos mismos se van a vender tu producto en su respuesta. Otro ejemplo es: ¿cuéntame cuáles son los retos más grandes dentro de tu empresa, cuáles son los retos más grandes que enfrentas hoy? Te van a decir cuáles son sus problemas exactamente. Lo que tienes que hacer es usar esa información después para complementar los beneficios que ofrece tu producto.

## TOUR EMOCIONAL

Ya hiciste al menos cuatro preguntas a tu prospecto para asegurarte de que entiendes cuál es problema, su meta, sus sueños, qué es lo que tiene como expectativa para resolver su problema. Y si lo hiciste bien, él mismo dio las respuestas que justifican la necesidad de tu producto o servicio o, por lo menos, la necesidad de resolver ese problema. Ahora que lograste hacer eso, en esta parte de la conversación, te toca hacerlo sentir, viajar a través de sus emociones. Hay una frase que dice "las ventas son como el sexo, nada va a pasar si nadie se emociona". Aquí tu objetivo es llevar a tu cliente a través de una historia desde un punto donde el haga empatía, luego sienta el dolor, después vea la solución y lo dejes emocionado del futuro que va a tener si trabaja contigo. Es bien sencillo y una de las técnicas más antiguas a la hora de hacer mercadeo y ventas, con muy buenos resultados en general. Lo que vas a hacer es contar una historia de una tercera persona, para crear empatía con tu cliente. Por ejemplo: vendes seguros y ya tu cliente te dijo que la razón por la que está contigo hoy es porque siente miedo de lo qué pasará el día que muera. Tiene esposa, tres hijos en educación básica, les falta la universidad, etc. Ya conoces el dolor más fuerte que tiene y debes enseñarle el camino que tiene que tomar a través de una historia que sea real y puede ser de tu pasado o del pasado de otra persona, pero que sea legítima. "Sr. Pérez, le agradezco muchísimo que haya confiado en mí; entiendo su situación porque hace dos años tuve un cliente que estaba enfermo; no era tan grave pero él tenía ese mismo temor. Se sentía frustrado e inseguro, tenía esa preocupación de proteger a su familia, que es lo que queremos hacer todos. Él se acercó a mí con esa inquietud y como a mí me gusta personalizar el servicio, le preparé un paquete con todos los productos que requería, de forma muy sencilla y definida; algo que su esposa supiera cómo utilizar y que dejara a su familia cubierta de por vida. No sé si le interese, pero podríamos hacer un proceso similar al que hice con él. Afortunadamente, hoy el Sr. Ramírez bien, tiene buena salud y lo mejor es que está tranquilo".

¿Qué hiciste? Contar una historia que lleva a tu prospecto desde un punto de empatía, donde le muestras que no está solo en su temor. Luego identificar su miedo y darle la solución.

De esto se trata el tour emocional que le tienes que dar a tu cliente. Asegúrate de que tonalidad esté acorde con la historia que estás contando y no tengas miedo de mover tu cuerpo.

Recuerda que decimos más con el cuerpo y tonalidad que con las palabras. Involúcrate e involúcralo en la historia, haz que sienta, que se mueva. Una vez que logres hacer esto, lo demás va a ser más sencillo porque ya tienes a un cliente que está emocionalmente involucrado contigo; ya sabe que lo entiendes; sabe que es una decisión correcta el hablar contigo.

Ten presente entonces, encontrar el dolor por el cual la gente se acerca a ti como vendedor y que ya mencionamos anteriormente y prepara una o dos historias que sean reales y que te permitan llevar a tu cliente por el tour emocional de empatía, dolor y victoria y que después sepan cómo va ser el futuro cuando trabajen contigo.

ANCLAJE DE PRECIOS

Es el proceso de poner en la mesa un precio alto de tu producto para que en el momento de presentar el precio real al cliente no se le haga caro; de manera que puedas invalidar esa excusa y no tengas que batallar al final con este aspecto. Por lo general se usa un precio cinco veces más caro de lo que cuesta tu producto, justificas el valor de tu producto por esa cantidad y al final de tu presentación, le indicas a tu cliente el precio real. La reacción del cliente será decir: ¡Wow! esto es una ganga, esto es algo que necesito comprar hoy.

## ¿Cómo hacemos un anclaje de precio?

La mejor forma y la que más me gusta es hacerlo a través de una historia, incluso si quieres hacer más poderoso el tour emocional del producto, puedes utilizar la misma historia. Puede ser una historia tan sencilla como: "Sr. Pérez ahora que me explica su situación, entiendo un poco más la complejidad de la situación de su empresa y lo que quiere lograr. Ya sé a dónde quiere llegar para resolverlo. Recuerdo que hace un año, trabajé con la empresa X que tenía un problema similar. Trabajamos juntos y luego de un mes de usar mi producto / servicio obtuvimos X resultado / beneficio para ellos. Eso les ahorró X dinero / les generó ingresos de X cantidad de dólares.

Ahora, lo que puedes hacer es tomar ese guion y personalizarlo con una historia real de tu empresa o producto. Al contar una historia sobre alguien que ya contrató contigo y tuvo muy buenos resultados, logras "poner" números en su cabeza. El cliente comenzará a sacar cuentas mentalmente: si cuesta 20 dólares y recibo 100 dólares de ganancia, es un buen negocio.

Lo puedes hacer a cualquier nivel y en cualquier industria. Si vendes seguros, por ejemplo: "si inviertes esta cantidad todos los meses y llegara a pasar algo, mira la cantidad que estas recuperando, ve la paz mental que puedes tener, ¿tú le puedes poner un valor monetario a eso? Esto vale cinco veces más de lo que vas a invertir aunque estuvieras pagando esto el resto de tu vida".

Si tu precio es de 10 000 dólares, habla de productos de 50 000 dólares. Puedes decir "cuando trabajé con X (una empresa grande) el proyecto que hicimos durante seis meses tuvo un costo de 100 000 dólares pero al final generamos más de un millón de dólares en ventas. ¿Qué estás haciendo ahí? Estas justificando la inversión.

Otra forma interesante es comentar sobre precios que manejaste con empresas más grandes que ellos: "le facturé 25 000 dólares la empresa X por el tipo del proyecto y tuvieron X retorno de inversión en X tiempo. Pero no creas que ese será el precio para ti. Como tu negocio es menos complejo, podemos encontrar algo más asequible que funcione igual".

Decide ahora si vas a hacer tu anclaje de precio con el tour emocional del producto o lo vas a hacer por separado, cualquiera de los 2 caminos es correcto

## ENTREGA DE BENEFICIOS

Este es el momento de ser concretos y específicos. Todavía no has entrado en detalle de lo que es tu producto, no le has mostrado números, ni siquiera le has hecho una oferta. Luego del tour emocional y el anclaje de precios, tu prospecto está entusiasmado, así que es la oportunidad de concretar y decirle qué puede hacer exactamente tu producto o servicio por él.

Explica los beneficios en sus palabras, no en las tuyas. Toma en cuenta cómo se comunica tu prospecto. Si te comentó "estoy estresado con esto", usa la palabra estresado de nuevo. Si te dijo "mi sueño es vivir de esta forma" usa esa frase de nuevo.

 Los beneficios los entregarás de manera concreta y punto por punto. Esta parte de la conversación la puedes comenzar diciendo: "ahora te quiero hablar un poco de los beneficios y lo que puedes esperar de mi producto.

Confío en que sí te puede ayudar y me gustaría que me digas después de conocerlos, si es algo que te interese: 1) Esto es lo que los fundadores tenían en mente, que pudieras resolver x dolor de x forma. 2)   Tenemos la capacidad de resolver esto de forma más rápida que la competencia. 3) Te ofrecemos un producto de gran calidad a un precio ridículo comparado con lo que puedes ganar.

Le indicas los beneficios, explicas cada uno de ellos con sus palabras y le das mayores detalles con tu experticia en el tema. No tengas miedo de ponerte un poco técnico, para que la gente se sienta más en confianza, pero hazlo fácil. Indica de tres a cinco puntos donde estén los beneficios más grandes que él quiere oír y que obviamente tu producto puede entregar.

A manera de ejercicio, prepara los cinco mayores beneficios de tu producto o servicio.


## TOUR LÓGICO

Todos somos seres emocionales más que racionales pero, a pesar de eso, siempre necesitamos una explicación lógica. Por lo tanto, justo después de hablar de los beneficios, haz las cosas más concretas y logra que el cliente ponga los pies en los zapatos de tu producto. Usemos el siguiente ejemplo:
— Juan, me dices que de todos los beneficios de mi producto, el más valioso para ti es el primero, ya que te permitirá ahorrar tiempo. ¿Cuánto tiempo crees que te ahorre a la semana?

— Pues me va a ahorrar cuatro horas a la semana.

— Bien, y ¿qué harías con esas cuatro horas? Me interesa saber eso porque quiero ver si puedo lograrlo.

— Si las tuviera, estaría en ventas, estaría buscando clientes o estaría pasando tiempo familia relajado.

— Perfecto ¿Y cuántos clientes crees que podrías obtener con esas cuatro horas semanales?

—Creo que podría obtener al menos una venta más al mes.

— De acuerdo. Me habías dicho que una venta tuya es en promedio 10 000 dólares ¿Correcto? Nada más para saber si entendí bien, si yo logro solucionar esto para ti, si logro ahorrarte cuatro horas a la semana vas a tener la opción de generar 10 000 dólares más al mes y más tiempo para estar con tu familia ¿cierto?

¿Ves la magia de este dialogo? Le estás diciendo a tu cliente, a través de preguntas, que tu producto es valiosísimo y estás haciendo lógico y tangible, el éxito de tu producto.

Entonces ya le indicaste los beneficios, que en cierta forma es la primera parte del tour lógico; luego lo pusiste en tus zapatos, lo trajiste a tu empresa y le dijiste esto es lo que vamos a lograr por ti y nos necesitas ahora, porque vas a ganar más tiempo con tu familia, dinero, etc.

Ahora por favor adecúa este diálogo a tu producto, lo que probablemente es el ejercicio más importante que vas a hacer en tu vida comercial, para que logres hacer que la gente responda que tu producto, resolver su dolor, ahorrar dinero, y ayudarlos a vivir mejor.

## HABLEMOS DE PRECIOS Y FACILIDADES

Con las fases anteriores has preparado a tu cliente para este momento: los precios y las facilidades de pago que tienes disponible para que el realice la compra hoy mismo o en el plazo que creas conveniente o que quieras lograr dependiendo de la complejidad de tu venta.

¿Cómo vas a hacer eso? Luego del anclaje de precios y el tour lógico, ya el cliente tiene en su mente algunos números y cifras y es muy sencillo decirle "si decides que este producto es para ti, este es el precio" o mejor aún formula esta pregunta:

— ¿Juan del 1 al 10 qué tanto crees que este producto es para ti?

Si te contesta con un número alto, como 8 o 10, pasa de una vez a indicarle el precio.

Si te contesta con 3 o 4, tu respuesta debe ser: — ¿En serio? Por tu lenguaje corporal pensé que ibas a decir 0. Pensé que no te interesaba. ¿Qué es lo que consideras que es para ti? ¿Por qué le diste ese número?

Aquí acabas de voltear la situación. El cliente empezará a justificar por qué te dijo 4 cuando pensabas que te iba a dar un 0. Cuando termine, le dices: "entonces te confirmo cuáles son los precios" o "hablemos de cuál va a ser la inversión". Ahora vas a sacar tus precios y se lo vas a decir tal cual y puedes usar una frase como la siguiente... Juan, ya sé que hablamos sobre la historia de Sr. Ramírez, lo que le logro, lo que le logramos dar y fue una inversión de 25,000 dólares de contrato con nosotros y que le logramos hacer 100,000 dólares de regreso en los primeros 2 meses, también ya hablamos un poquito y que confirmaste que lograr esto, te podría dar 10,000 o 15,000 dólares más al mes ¿Correcto? -Esperas a que haya una confirmación. Ahora los precios te decían que suenan un poco ridículos, porque lo son, porque yo creo que en tu caso aplicando esto a tu complejidad, podemos empezar con este paquete o podemos irnos por este precio, y te aseguras de mostrar un precio que sea 5 o 10 veces menor que al que tu mostraste en tu encaje de precio, para que la gente diga... "Uy podría ser algo bueno, puedo tener un buen retorno, puedo tener buen futuro negociando con Jesús. Ahora ya que dijiste eso, tienes que ir de inmediatamente a las formas de pago y a la estructura para resolver

cualquier duda. Entonces le dirías... Mira el precio del paquete que creo que es el ideal para ti, es el A, ¿Estás de acuerdo que es el ideal para ti? (que lo lea) -Si yo creo que es el mejor. Si tu producto tiene varias opciones, obviamente tienes que hacer que el decida, intenta no darle más de 2 y dile yo creo que el A o el B ¿Cual crees que es el ideal? Inmediatamente que él decida cuál es, pasa al siguiente punto que es decirle: Perfecto, el precio son 1000 dólares, una inicial de 40% y un 60% al terminar o si no hay ningún tipo de financiamiento pasas directo a los métodos de pago son... Tarjeta de crédito, transferencia bancaria, cheque o efectivo y tú me dices cuando empezamos y... Te quedas callado, esperas a que te diga exactamente, ya sea cuando empezamos, si es ahorita o después o te va a dar alguna objeción. Pero quiero que quede bien claro aquí cual es el objetivo y el objetivo es aprovechar el anclaje de precio, con el tour lógico del producto, das tu número e inmediatamente das las opciones de pago, una vez que esto esté listo, ya tienes la estructura con la cual vas a empezar a negociar por lo general puede haber un poquito más de tensión, dependiendo de cómo hiciste el proceso anterior, si lo hiciste muy bien, la gente va a ir por : -Ok perfecto, empezamos hoy o mañana.... O pondrá alguna objeción.

## CREA SENTIDO DE URGENCIA
Aquí entramos en el extra que das después del precio y que debes adecuar a tu tipo de industria.

Se trata de crear un incentivo de compra o urgencia, que responde a la pregunta: ¿por qué tengo que hacer negocios hoy contigo? Algo que puedes hacer que funcione de forma excelente si estás vendiendo servicios en los que entregas cotizaciones. Envía la cotización en menos de 24 horas estableciendo al final del correo, un descuento de dinero que se haría efectivo si paga antes de los siguientes siete días. Esto es un incentivo de compra muy fuerte que funciona si el descuento es significativo, digamos de un 20% o 30% para que el cliente tome conciencia de que si no lo hace ya, va a perder dinero. Otro elemento que funciona en la propia visita, es llevar un certificado de descuento con un tiempo de validez similar.

## MANEJO DE OBJECIONES

El manejo de objeciones es tan importante en este oficio que más adelante dedico un capítulo solo a este tema pero te adelanto algunos datos:

a) No importa en que industria estés, qué tipo de producto o servicio vendes, qué tipo de cliente tengas, las objeciones siempre se repiten y debes saber manejarlas. b) Toma en cuenta que no es algo personal contra ti y no es algo negativo, es una solicitud de más información por parte de tu cliente. Si te están poniendo peros, es que lo están considerando.  c) No puedes ignorar una objeción ni decirle a tu cliente que está equivocado. d) Apunta las objeciones que recibas para que luego puedas consultar con tus colegas vendedores acerca de la forma en que ellos manejarían dicha objeción. Un enfoque diferente siempre es valioso.

## CIERRE O GANCHO

Ya tienes un borrador de tu guion personalizado; la primera versión de un diálogo de ventas que te va a generar muchísimo dinero en el futuro.

En esta penúltima parte ya manejaste las objeciones pero sigue existiendo un pero que te impide cerrar la venta. Lo que tienes que hacer es dejar un anzuelo. Esto es un gancho donde si no pudiste cerrar la venta por cualquier motivo (ya sea por no responder adecuadamente a una objeción, por miedo al cliente o porque el cliente insistió en consultar con una tercera persona), lo mejor es no presionar para evitar quemar la venta.

Un anzuelo o un gancho, es básicamente concertar una próxima cita. Prueba a decir algo como "Juan, fue un gusto verte hoy, sé que ya nos queda poco tiempo y siento que no pude resolver tus objeciones de la mejor forma, hagamos algo, ¿te parece si nos vemos el miércoles a las 2:30 en tu oficina? Ya que mencionaste que te encanta jugar golf, te quiero llevar un par de revistas que encontré con los consejos que necesitas; además, de inmediato investigo con mis gerentes y te traigo la solución a tu problema y tus preguntas, ¿te parece bien?"

En este ejemplo se aprovecha la información personal que se obtuvo al principio para ofrecerle algo que le agregue valor y lograr concertar esa próxima cita. En el caso de que solo le ofrecieras hacer seguimiento, podría funcionar si el prospecto está muy interesado. Si por el contrario, solo está siendo cortés o se siente decepcionado porque no resolviste sus objeciones satisfactoriamente (a todos nos puede pasar) a menos que dejes un gancho o anzuelo poderoso, no vas a lograr una próxima reunión.

Si se trata de alguna objeción a una cotización o de un precio que no conoces tu respuesta puede ser: "No quiero darte números incorrectos. Permíteme hablar con mi superior o socios y te consigo la cotización. ¿Te parece que te la lleve a tu oficina a las 3:30 el día martes?" y esperas a que te confirme.

En los casos en que el cliente intente evadirte con un comentario como "no sé cómo está mi agenda la semana que viene, llámame el lunes y coordinamos", tu respuesta debe ser "Estaré bastante atareado el lunes y me preocupa que no logremos coordinar. ¿Te parece que lo dejemos anotado desde ya?" Dependiendo de las reacciones puedes variar este método. Lo importante es salgas de allí con una cita confirmada.

El ejercicio de esta sección, es que escribas cómo vas a presentar ese gancho. Una excelente técnica es tener presentes las respuestas que dio el prospecto a las preguntas de indagación que hiciste al principio.

## PIDE EL CHEQUE

Luego de responder o manejar objeciones viene un paso tan importante que es en el que se pierde más del 80% de las ventas: parece absurdo pero hay vendedores que por no pedir el dinero, dejan perder la venta.

No hay cliente que por su propia iniciativa te diga "de acuerdo, te compro, aquí está el dinero". Después de resueltas las objeciones, ten preparada una frase o un breve discurso que te ayude a pedir el pago. Te doy un ejemplo:

— Juan ¿sientes que mi explicación resolvió tu duda o te queda alguna otra duda sobre el producto? Sí es así, dímela; soy todo oídos, estoy aquí para ayudarte.

— No Jesús, me quedó todo claro.

— Muy bien, entonces ¿cuál de estos productos es el que te vas a llevar y cómo vas a pagar? Pasemos a la caja, por favor.

O "¿te parece si firmamos el contrato ahora?" o cualquier otra variación adecuada que te permita pedir el dinero.

Escribe entonces, a manera de ejercicio, cinco formas de pedir el dinero con las que te sientas cómodo y se adapten a tu producto o servicio.

## PARA FINALIZAR EL PITCH DE LA VENTA PERFECTA

A estas alturas ya debes tener un borrador con todos los ejercicios que te he ido recomendando. Pásalo en limpio. Toma tus notas, frases, preguntas y comienza a preparar un documento presentable y definido al que añadirás después las notas sobre los capítulos que faltan.

# CAPITULO 6

## MANEJO DE OBJECIONES SIN ESTRÉS

Voy a comenzar este capítulo mencionando las tres reglas de oro para el manejo adecuado de las objeciones, de forma que éstas dejen de ser estresantes, sean parte de tu proceso regular y aprendas a agradecerlas. .

### Las objeciones son buenas

Puesto que en solo el 10% de las ventas no surgen objeciones, es imprescindible que aprendas a manejar las que surgirán en el otro 90% de tus ventas. Tienes la decisión de estresarte, enojarte, tomarlo como un ataque personal. O agradecerlas.

Sí, agradecer que esa persona está considerando tomar una decisión. Y una objeción no es nada más que una solicitud de más información.

Cuando tu prospecto objeta algún punto es porque está diciendo: me interesa pero antes necesito saber esto; necesito que pase esto antes; necesito sentirme tranquilo y confiado.

Y ese es tu trabajo. Tu trabajo no es llevarle la contraria a tu prospecto, no es hacerlo sentir menos. Es simplemente darle la información necesaria para que pueda tomar esa decisión. Entonces, a partir de ahora cuando tengas una objeción no la odies; simplemente agradécela como lo que es: una solicitud de alguien que quiere tomar la mejor decisión. Tú harías lo mismo en sus zapatos.

### No demuestres tu desacuerdo a tu cliente

Cuando tu cliente dice algo con lo que no estás de acuerdo, lo primero que debes tomar en cuenta es que él tiene derecho a tener una opinión distinta a la tuya. Si estás en desacuerdo con él no se lo manifiestes, deja que termine de hablar, asegúrate de comprender claramente su objeción y contesta con mucha cortesía.  Es poco frecuente que una persona haga negocios con alguien que no está de acuerdo con él.

Al momento de manejar objeciones muchos vendedores tienen la tendencia a decir: "no, pero eso no es cierto", "no, eso nunca va a pasar", "¿quiénes crees que somos nosotros? somos una empresa seria." Dejando así que su ego sea partícipe en una negociación.

A la hora de negociar el único ego que importa es el de tu cliente. Tienes que saber manejar su ego y no dejar que el tuyo se meta en el medio y destruya toda la negociación. Entonces, la próxima vez que tu cliente diga con lo que no estás de acuerdo tu respuesta debería ser algo como "entiendo que pueda sentir eso; yo tuve un cliente que pasó por algo similar. Sin embargo, estas son las cosas que le dieron paz mental a él; ¿también le dan paz mental a usted?

No supongas nada Esta regla es tan importante que te va a ayudar a multiplicar tus ventas y me atrevería a decir que es el pilar número uno que crea a los buenos vendedores a la hora de manejar objeciones; de hacer rapport; de crear estrategias de marketing;  en fin a la hora de pasar por todo el proceso comercial. Es una regla que, te sugiero, uses en todos los aspectos de tu vida. Como vendedor, cuando estás con un prospecto debes entenderlo, preguntar, obtener confirmación de su parte ya que suponer ocasiona muchos errores. Si tu prospecto te dice "tengo que hablarlo con mi señora", el vendedor promedio contestaría: "entiendo que su señora pudiera estar en desacuerdo y quiera ser consultada; sin embargo ¿usted cree que su señora no va estar feliz cuando vea este regalo?" Cambia de tema; a la media hora supone que esa objeción ya se invalidó pero cuando llega el momento del cierre vuelve a aparecer la misma objeción y sigue tropezando con la misma piedra.

No supongas. Pregunta, valida. Créeme que tu cliente no pensará que eres tonto. Al contrario, te percibirá como alguien que se preocupa y quiere entender su situación para darle un mejor servicio.

## BIBLIOTECA DE OBJECIONES

La biblioteca de objeciones es uno de los beneficios más grandes que recibes por tu inversión con este libro. A continuación vas encontrar técnicas y guiones exactos para responder a diferentes objeciones que aparecen en todo tipo de industrias. Tu objetivo es simplemente adaptarla a tu industria, tu producto o tu personalidad, para que se conviertan en una parte valiosa de tu desarrollo.

## DÉJAME PENSARLO

Vamos a hablar sobre como destruir la mítica y temida objeción de "déjame pensarlo".

Contra esta objeción se estrella una gran cantidad de vendedores porque no quieren presionar al cliente pero tampoco tienen idea de cómo anticiparse a ella,

La forma más sencilla de manejar esta objeción ya la vimos en la sección el pitch de la venta perfecta dentro de la declaración de intención. Sin embargo, creo que vale la pena repetirla aquí:

"Carlos, mi idea es informarte durante los siguientes 30 minutos, todo lo que tienes que saber sobre mi producto. Mi objetivo es que tengas toda la información necesaria que necesites para saber si mi producto es o no para ti. Me gustaría que sepas que yo no vendo, ni presiono, me dedico de mostrar a la gente los beneficios de mi producto y si la gente decide que agrega valor a su vida, cerramos un trato. Pero si no te doy la suficiente información para que tomes una decisión, quiere decir que hice mal mi trabajo. Entonces te pido que por favor me des un sí o un no ¿Te parece justo?"

De esta manera, tu prospecto se ve obligado a darte una respuesta. No obstante, puedes recibir como respuesta "necesito que me des tiempo para revisar cuando pase esto o aquello". Allí tu respuesta debe ser "si no puedes decidir, lo entiendo. Odio este tema de presionar a la gente, pero, te puedo llamar tal día a las 3:00 y te pido que ahí ya solucionemos y veamos si esto es bueno para ti o no ¿te parece?"

Anticiparse al "déjame pensarlo" es la mejor forma de anularlo, porque estás siendo claro desde un principio.

**Otra opción para anular el "déjame pensarlo" es contestar con preguntas:**

— Entiendo que hay que pensarlo. Sin embargo, ¿cuáles son los puntos que todavía necesitas considerar? Te pregunto, porque me quiero asegurar de que tengas toda la información"

— ¿Hasta cuándo necesitas pensarlo? o

— ¿Cuándo te parece bien que te llame?

Con estas frases puedes lograr: una respuesta inmediata, que salgan a flote las objeciones o fijar una fecha para el seguimiento.

Por supuesto habrá gente que insistirá en no darte una respuesta inmediata. En estos casos tu respuesta, como un último recurso, debe ser "al menos me podrías decir al final cuándo damos seguimiento para que yo no tenga que estar persiguiéndote o molestándote. ¿Te parece justo?"

## EL PRECIO ESTA MUY ALTO

¿Cuántas veces hemos oído eso?, Muchos clientes quieren negociar y te dicen: "es que la competencia me lo da mucho más barato".

Para manejar esta objeción ten en cuenta que nunca debes competir por precio. Competir por precio tiene varias desventajas: a) vas a ganar menos; b) siempre va a haber alguien que le dé un precio más barato a tu cliente; c) si cedes en el precio, cuando tu cliente encuentre quien le dé un precio más barato, le comprará a él; d) no estás generando un cliente leal.

La objeción del precio significa que en tu presentación no supiste comunicar el valor del producto. Si comunicas adecuadamente el valor de tu producto, es decir si dejas claro el dolor que tu producto va a resolver: más ingresos, tiempo libre, salud, etc., tu cliente pagará lo que sea para poder tener ese producto.

¿Qué hacer cuando tienes esta objeción? Lo primero es anticiparte a ella. Cuando estés haciendo tu pitch de la venta perfecta, cerciórate de que estés comunicando los beneficios que tu cliente necesita y quiere oír. Luego, comunícalo en sus palabras. Recuerda las técnicas básicas de copywriting.

Si el cliente te dice "estoy agobiado, odio no tener tiempo libre." Tú le respondes: "Uno de los beneficios más grandes de nuestro producto, para la gente que está agobiada y necesita más tiempo libre, es que automatizando el proceso, le libera de dos a cuatro horas diarias". Esto hará clic con tu cliente de forma efectiva.

Otra estrategia que puedes usar para anticiparte a esta objeción, es ser enfático a la hora de hablar del dolor, de lo que está sufriendo y de la razón por la que tu cliente este hablando contigo. No importa cuál sea tu producto, tú estás resolviendo un dolor y durante el tour emocional del producto con la historia que estás contando, toca ese punto y agita ese dolor de una forma tal que tu cliente se identifique y diga: "este dolor es insoportable; yo necesito este producto ya; es algo en lo yo puedo invertir y vale la pena lo que me están pidiendo".

Otro punto de anticipación es el anclaje de precios, ¿Qué pasa cuando ya diste un número muy por encima del precio de tu producto, luego diste el precio real para que tu cliente no diga que es demasiado caro y que aun así te están pidiendo un descuento o te están comparando con alguien más?

La respuesta básica aquí es: "Entiendo que hay muchísima y muy buena competencia. Sin embargo, estoy seguro de que nuestro producto es el mejor que hay, no porque yo lo diga, sino porque hemos visto los resultados. Tenemos los resultados comprobados con los clientes. Es un producto que entrega mucho valor y por ende no damos descuentos porque sabemos que se paga solo, sabemos que es una inversión que vale la pena y sabemos que la gente que lo paga entiende el valor de pagar algo de mayor calidad. Es por eso que espero me entienda.

No hables mal de la competencia porque cuando lo haces tu cliente se queda con una mala impresión tuya. Confía en tu producto y no argumentes el precio, argumenta el valor del producto. Con eso tienes suficiente para destruir la objeción de "está muy caro tu producto o servicio".

## NECESITO HABLAR CON...

Hablemos del famoso "necesito hablarlo o consultarlo con (jefe, esposa, abogado, contador, etc.). Si el cliente te dice que no puede tomar la decisión porque necesita consultarlo con alguien más, primero que nada tienes una falla porque hiciste algo mal al momento de seleccionar a la persona con quien entrevistarte. No hiciste una investigación lo suficientemente profunda para saber que esta persona no podía tomar la decisión. Cuando hagas el trabajo de prospección, asegúrate de que te estás dirigiendo a la persona que toma la decisión. Si es una decisión de pareja recuerda que necesitas tener a los dos allí, porque es bien difícil venderle a uno nada más. Y si tienes nada más a alguien que tiene cierta influencia pero no el poder de tomar la decisión, tendrás que hacer un doble esfuerzo y venderle dos veces; una al esposo y otra a la esposa; o una a él, otra al gerente y si con suerte el gerente logra pasarle la idea a su jefe vas a tener que reunirte con el jefe y venderle de nuevo.

La estrategia, especialmente si se trata de B2B (bussiness to bussiness) es apuntar a la persona que tenga el más alto nivel de decisión. Encuentra al CEO, al vicepresidente, al más alto cargo que puedas. Si haces tu presentación al CEO y él baja las ideas al gerente que toma la decisión, éstas serán 90% más efectivas que las ideas que llegan al gerente y él tiene que subirlas hasta el CEO.

Así que, vende arriba, luego que bajen y ya puedes tener una relación más directa con la "aprobación" del jefe de la empresa.

Cuando hablamos de una pareja y están los dos, por lo general los hombres van a decir: "yo tomo las decisiones". No les creas. Depende del contexto de tu producto, pero en el 90% de los casos si es un producto de alto estándar o de alto precio como carros, vacaciones, servicios familiares, el señor no va a querer decidir sin su esposa. Es distinto si estás con la señora nada más, puede que también se presente esta objeción, pero suele ser más fácil que la señora tome la decisión de comprar, Este tema se da por muchas razones psicológicas. En muchos países de Latinoamérica la mujer lleva el liderazgo de la familia y controla las compras, o el presupuesto, aunque parezca lo contrario...

En resumen: 1) busca al que toma las decisiones. 2) Evita hacer o decir algo que haga sentir incómoda a la persona que no puede tomar la decisión sin aprobación de otra. El error es tuyo al no hacer un buen trabajo de investigación. 3) Haz tu mejor esfuerzo para concertar una cita con la persona que decide o, en última instancia, comunica muy bien la idea a esa persona y espera que pueda transmitirla y logre venderla al que toma la decisión.

## TENGO OTRAS PRIORIDADES

Esta es una objeción que habla de necesidad. Cuando tu cliente te dice "me encanta tu producto pero en este momento tengo otras prioridades" quiere decir que no le creaste la necesidad ni la urgencia de tu producto. Lo considera interesante, pero no es una prioridad en su vida.

Esto significa que a) no lograste anticiparte dentro del proceso comercial, en especial que no se hizo un buen anclaje de precios ya que está viendo el gran valor que va a obtener; b) que el tour emocional fue débil y no se logró mostrarle su dolor al punto de que diga "necesito solucionar esto cuanto antes"

Cuando aparezca esta objeción, necesariamente tienes que voltear hacia ti y analizar tu proceso de pitch de la venta perfecta. Determinar por qué no estás contestando de antemano las preguntas de tu cliente "por qué lo necesito hoy", "¿por qué lo necesito?" y "¿por qué es urgente que yo tenga esto?". Si tú mismo no puedes contestar "¿por qué es urgente que mi cliente tenga mi producto?", estás en problemas porque no sabrás cómo transmitirlo al cliente.

Para contestarla, hazlo a través del tour lógico que vimos anteriormente, mostrándole cuánto dinero o tiempo se va a ahorrar. Por ejemplo: "te entiendo totalmente; sin embargo me habías dicho que son como 15 mil dólares lo que vas a poder generar todas las semanas... quisiera entender un poquito más ¿cuáles son tus prioridades hoy por hoy?;  pensé que estabas enfocado en cambiar"   Habrán momentos en lo que haciendo más investigación, descubras que dentro de la empresa, sobre todo si es en un b2b (business to business/ negocio de empresa a empresa) puede que hayan otras prioridades y que en el presupuesto y planificación no sea el momento y tendrás que posponer tu venta hasta el momento adecuado. En tal caso, debes hacer seguimiento y mantener una relación cercana; seguir atendiéndolos y agregando valor, sin rendirte.

Si el tema de la prioridad está en el tiempo para atenderte a ti o para implementar el producto, recuérdale el incentivo de compra por hacerlo hoy para entusiasmarlo y si no toma la decisión de inmediato, puedes decir "hablemos en tres o siete días, hablo con mi gerente para validar que pueda mantenerte el incentivo de compra". Así tendrás tiempo para retirarte, respirar, reflexionar y cambiar lo que tengas que cambiar.

## LO QUIERO PERO NO TENGO EL DINERO

Conocida como la excusa más grande en el libro del vendedor promedio.

Cuando el cliente te dice que no tiene dinero, tienes dos opciones: creerle o no.

En mi experiencia en todas las industrias donde he estado, la gente usa este pretexto para conseguir precios más bajos. ¡Inclusive en los cementerios con una necesidad más que evidente! Al darse cuenta de que podían conseguir precios más bajos pero de menor calidad, respaldo o servicio, siempre aparecía el dinero completo.

Ciertamente algunas personas van a ocultarte que tienen la posibilidad monetaria de adquirir tu servicio, pero siempre puedes hacer algo para que sigan el camino que les estás mostrando. Cuando alguien quiere algo de verdad, cuando es una necesidad el dinero aparece. Si a una persona lo amenazan con meterlo a la cárcel, de algún lado obtiene el dinero de la fianza. Tu trabajo es crear ese nivel de necesidad.

Y en ese punto, volvemos a lo ya tratado anteriormente: debes encontrar la manera de comunicar tu producto como una necesidad verdadera.

Es fácil. Por ejemplo cuando trabajaba en resorts, yo no vendía vacaciones. Yo vendía salud, bienestar, paz mental y tranquilidad para que mi cliente pudiera regresar a su rutina de la mejor forma posible. La pregunta que debes hacerte es: ¿cómo puedo comunicar mi producto como una verdadera necesidad? Si logras anticiparte a eso, probablemente no te harán esa objeción.

Pero, ¿qué hacer cuando ya salió?, ¿cuándo ya intentaste anticiparte pero de todas formas te dicen: "me gusta pero no tengo dinero"? En principio no pongas resistencia a esa objeción ni hagas preguntas impertinentes parecidas a "¿cómo no vas a tener dinero, si me dijiste que era importante para ti? No lo ridiculices. Lo que tienes que hacer aquí es preguntarle:

— ¿Pero consideras que el precio es alto?   — ¿Consideras que el precio es justo?

Si te dice que el precio está bien pero que no dispone del dinero en ese momento, ofrécele opciones: - ¿Cómo verías si te puedo conseguir un financiamiento?  - ¿Podrías hacer la inversión con un financiamiento? - Aceptamos también tarjeta de crédito. - Tenemos seis meses de crédito con el banco x. - Puedes pagar la mitad ahora y la mitad después.

Ahí es cuando vas a entrar en acción con tus planes de pago o tus financiamientos.

Otra cosa muy importante que puedes hacer antes es que tu cliente admita que ya tiene el dinero. Si estás vendiéndole a una empresa, una de las preguntas sencillas que puedes hacer a la hora de investigar es "¿cuál es su presupuesto actual para este tipo de cosas? Si le estás vendiendo a un particular, pregunta: ¿Cuánto ganas actualmente, cuánto quisieras aumentar y para que lo usarías? Enfócate en contestar sus dudas con sus mismas palabras para que tu producto se convierta en una necesidad y resolver esa objeción sea muy sencillo.

HE OIDO MALAS COSAS SOBRE TU PRODUCTO/SERVICIO

Esta objeción me la he encontrado en especial en los multiniveles, en venta de tiempo compartido y en algunas industrias que atravesaron una mala racha o tienen mala reputación.

La gente te va a decir: "he oído cosas malas de tu producto, ¿por qué tendría que confiar en ti?" Lamentablemente no hay una respuesta estandarizada pero en líneas generales podrías responder: "entiendo eso; desafortunadamente es algo que pasa en esta industria. Te puedo preguntar ¿qué es lo que has oído que no te gustó?" Y escucha atentamente la respuesta.

Las respuestas varían dependiendo del tipo de industria. En el caso de los multiniveles te pueden decir que es muy difícil venderlo, nadie quiere comprar, que es una estafa piramidal. En tiempo compartido que sigues pagando y que te amarras a un lugar, una semana, etc., o cualquiera que sea el problema por el que tu industria es conocida, porque pasa en todas.

Es importante que indagues exactamente cuál es el miedo de tu cliente. El miedo no es que "ha oído cosas malas". El miedo es la frase exacta que escuchó: "que es una estafa", "que no voy a poder usarlo", "que nunca entregan los proyectos a tiempo". Una vez que tengas esa objeción, vas a poder encontrar la forma de contrarrestar ese temor. En tiempo compartido puede ser ponerlo por escrito, puede ser enseñarle "una prueba social", testimonios. En multiniveles puede ser una promesa personal de entrenamiento garantizado, casos de estudio, estadísticas.

Toma nota de las respuestas que te dan todos tus clientes y a partir de allí, podrás elaborar la solución adecuada a cada una.

**CAPITULO 7**

**EL CIERRE DE VENTAS**

LOS CINCO ELEMENTOS DEL CIERRE

A continuación te menciono de nuevo cinco elementos incluidos en el pitch de la venta perfecta. Si elaboraste un buen guion, estos elementos se cumplirán en la medida en que vas desarrollando dicho guion con tu cliente y facilitarán el momento del cierre.

Crear necesidad
Crear sentido de urgencia
Establecer compromiso de tiempo (control de expectativas)
Crear confianza
Anular la objeción "no tengo dinero"

BIBLIOTECA DE CIERRES

Esta biblioteca la voy a iniciar con los dos cierres que aplico en casi todos mis negocios. La intención es que la vayas ampliando con otras técnicas de cierre adaptadas a tu personalidad, que te hayan funcionado.

Antes de eso quiero reiterar que si sigues los pasos del pitch de la venta perfecta, le quitas lo complicado al cierre. Ya no estamos hablando de un cierre de presión, con estrategias muy elaboradas. Me refiero al que, para mí, es el cierre más sutil de todos, cuando terminas tu presentación y le dices a tu cliente ¿Te gustó esto? Sin presión de ningún tipo. Si agregaste valor desde el principio, si desarrollaste bien tu guion, el cliente de inmediato querrá saber más de tu producto.

Por ello, mi mejor recomendación es que perfecciones toda tu entrega de la venta; desde el momento en que conoces las personas y haces el trabajo previo, hasta el momento en que recibes el dinero.

EL CIERRE EXCEDIENDO EXPECTATIVAS

Este es un cierre tradicional y muy bueno porque estás agregando valor y servicio a la hora de hacerlo. Funciona en las situaciones en que tu cliente te pide algo extra: un color específico de carro, un descuento, cualquier extra. Cuando eso suceda, tu respuesta debe ser parecida a esta "es un poco difícil que yo te pueda conseguir eso, porque justo hace poco mi jefe me dijo que ya no íbamos a dar ese tipo de descuentos (ya no tenemos ese color/ ya no tenemos lo que estás buscando). Sin embargo, si me atrevo a pedírselo y lo consigo, ¿tenemos un trato hecho?, ¿lo vas a comprar? Por favor, yo lo hago por ti pero me estoy exponiendo a que me llamen la atención porque ya me dijeron que no. Nada más quiero saber si ya sería un trato 100% hecho ¿te parece?" Le das la mano y cierras el trato.

Con este cierre, excedes las expectativas de tu cliente ya que el siente que va a recibir más por menos; que vas a hacer algo extra por él. Esto es agregar valor, pero antes de hacerlo, cuando ya quieres cerrar, lo condicionas y le preguntas si cuentas con su palabra para cerrar la venta. Puedes crear una estrategia en la que este cierre sea parte de tu proceso de ventas o pueden ser cosas distintas que tu sepas que puedes conseguir.

Lo esencial es que sepas hacer ese cierre; darle la mano y obtener un sí. De esa manera tendrás un cierre corto y poderoso orientado a través del servicio que puedes empezar a utilizar hoy mismo.

Te sugiero que te preguntes cómo lo vas a hacer y lo escribas para que comiences a implementarlo y no se quede nada más en teoría.

## EL CIERRE A/B

También conocida como la técnica de cierres por opciones. ¿Por qué?, porque si tu producto tiene dos o más opciones de donde tu cliente puede elegir, no querrás darle 17 opciones para que elija. Así que haces tu presentación, tu pitch de la venta perfecta y al final diriges el diálogo de esta manera:

— Juan, de todo lo que hablamos y corrígeme si me equivoco, yo creo que la opción A y la B son las que más te podrían servir. ¿Correcto?
— Sí, perfecto.
— Entonces, ¿cuál de las dos te quieres llevar?

Como ves, le estás dando libertad a tu cliente de elegir, pero una libertad controlada; una libertad, hasta cierto punto ficticia, porque tú elegiste las dos opciones de las 17 que habían.

Ahora bien, cuidado con los errores comunes que suceden en este punto, como: ofrecerle las opciones más caras; no escucharlo y ofrecerle opciones que no tienen nada que ver con su necesidad y capacidad real. Asegúrate de que sean opciones por las que el ya mostró interés y nada más utiliza esta frase para cerrar. Ya tiene toda la información y nada más vas a definir cuál se va a llevar. Luego le preguntas cómo pagarás y empiezas a hablar de dinero. ¡Felicidades! cerraste tu venta.

# CAPITULO 8

## SEGUIMIENTO AL DÍA

El seguimiento es una de las partes más importantes y más descuidadas de nuestra profesión. Una labor que mucha gente considera que ya no es parte de las ventas y sin embargo, muchas veces tiene más valor que el proceso comercial.

En esta sección veremos cuáles son los puntos básicos sobre seguimiento y su importancia.

Primero que nada quiero que te preguntes ¿a dónde va la gente que no te compra? Haz este ejercicio: digamos que en los últimos 12 meses atendiste a 1000 prospectos (no importa si fue en línea, presencial, citas llamadas, correos). De esos 1000 acercamientos, solo cerraste 100 ventas. ¿Qué pasó con esos 900 que no te compraron pero que mostraron algún tipo de interés?, ¿qué hiciste con ellos?

La gran mayoría de los vendedores responde: nada; ya no lo volví a intentar; no tuve tiempo; se me olvidó; no lo pude coordinar.

Y es allí donde está el grave error. Muchos creen que su problema está en el cierre cuando en realidad el problema es de seguimiento. El problema es que no tienes una estrategia que te ayude a automatizar la mente de tus clientes aun cuando no te compran, porque tarde o temprano van a ser tus clientes, ese es el objetivo.

Tengo dos estadísticas asombrosas. Una es que el 48% de los vendedores nunca da seguimiento y otra establece que el 80% de las ventas se hace entre el quinto y el décimo segundo contacto. Quiere decir que casi la mitad de los vendedores, nunca hace más de un contacto. Nunca superan esa resistencia, ese freno que el miedo al rechazo nos genera y nos impide seguir insistiendo y buscar más allá. Si somos más proactivos tenemos más oportunidades de vender.

## SEGUIMIENTO CON ANZUELO

En la sección dedicada al cierre aprendiste qué es un anzuelo; sabes que al final de tu presentación al cliente hay tres opciones:

"sí", "no", "déjame pensarlo; y que la opción sugerida para las dos últimas es dejar un anzuelo o gancho que no es otra cosa que pactar el seguimiento:

-¿Cuándo te llamo?
-¿Cuándo te envío un correo?
-¿Cuándo vas a estar listo?
-¿Cuándo nos vemos?
- ¿Cuándo voy a tu oficina?
- ¿Cuándo vienes a mi oficina?
- ¿Cuándo vamos por un café?

Lo importante es que dejes pactado un gancho que le interese a tu prospecto.

Existen dos tipos de anzuelo:

Anzuelo personal: algo adherido a la persona, algo que le gusta, algo que pudiste sacar en tu conversación con él. Es un factor que descubriste cuando hiciste rapport; cuando estuviste conociendo a tu cliente, no solamente hablando de negocios, sino también de temas personales.

¿Cuál es el gancho aquí? Si descubriste que a esta persona le gusta el fútbol, tu anzuelo podría ser: "mi tío que trabaja en el Deportivo X y tengo entradas para el partido del domingo; podemos ir allá y así conozco a tu familia. Ese es un anzuelo muy poderoso. Si vendes bienes raíces o seguros, que suelen ser una decisión familiar: "en la siguiente cita trae a tu esposa para que podamos hablar de sus planes a futuro" o "no hay nada mejor que traer a los niños para que vean y sientan lo que es ser parte del proceso de compra de una casa". Obviamente tienes que prepararte para atender a los niños, divertirlos y venderte con ellos. Otros intereses pueden ser eventos, shows. He trabajado con empresas que organizan eventos quincenales, cocteles de socios y clientes, solo para poderles dar seguimiento y verlos de forma constante. Encuentra algún tipo de anzuelo personal de mucho interés para tu cliente y que deje claro que hay una próxima cita.

**Anzuelo prediseñado:** es el aplicado a tu industria y es que puedes utilizar con todos tus clientes siempre y cuando vendas el mismo producto.

Por ejemplo, si vendes software o consultoría y antes de la cita con tu prospecto, estás indagando qué necesitan, que quieren y cómo vas a poder agregar valor a su vida o a su empresa, un muy buen anzuelo es decir: "¿te parece si nos vemos la próxima semana?, traigo a mi programador que es un genio o traigo a mi socio que es un experto en tu tema, para saber cómo podemos dar más seguimiento; nos sentamos, vemos formas de pago y todos los detalles". Estás dando una razón válida para que esta persona se quiera volver a reunir contigo.

Ventas de seguros: si notaste que los productos que le enseñaste no eran los que quería, le dices: ¿te parece si nos vemos el martes que viene a las 7 de la tarde? y te traigo dos productos más, que ahora que te conozco sé que van a ser excelentes para ti .  Cuando hablamos de ventas de autos, un test drive: ¿por qué no nos vemos mañana? traes a tu señora y hacemos el test drive.

Si tienes una tienda, debes dar seguimiento que es algo muchos hacen. Entonces, si no tienes el tamaño, el modelo o el producto, puedes decir: "no lo tenemos pero dame tu número y de aquí al martes te lo consigo y si no te lo consigo te llamo y te digo quien lo tiene o te ayudo de alguna forma".

## SEGUIMIENTO SIN ANZUELO

Seguimos hablando sobre seguimiento, pero en una situación más complicada que es como hacer seguimiento si no pudiste dejar un gancho o anzuelo en el encuentro cara a cara con tu prospecto y allí tu cliente te dejó dos posibilidades: o te dijo que no o te dijo "yo te llamo". Si te dicen que no, lo llevas vas al ciclo eterno de valor (secuencia de correos de la que hablaré con más detalles en la próxima sección).
Si te dicen "yo te llamo", no tienes manera de saber si es cierto o falso a menos que conozcas muy bien a tu cliente. De otra forma, no sabes si realmente debe consultarlo con alguien más o si es un "no" disfrazado.

Todos hemos pasado por esta situación incómoda y de incertidumbre y hay que tener una estrategia para manejar ese tipo de seguimiento sin gancho: ya saliste de la cita y no sabes cuándo vas a dar seguimiento, entonces un par de minutos antes de salir, le dices, sin poner resistencia y llamándolo por su nombre ¿Cuándo crees que me podrías devolver la llamada para no molestarte antes?". Una sola vez, con esto lo vas a obligar a darte una fecha, si te contesta "No sé, tengo que revisar primero" no insistas más, no seas el típico vendedor insistente. Déjalo ir a su propio ritmo y no permitas que tu ego se involucre en la conversación. Lo que sí vas a hacer es enviarle un correo con las informaciones intercambiadas y sigue agregando valor vía correo insertándolo en tu ciclo como veremos más adelante.

¿Por qué ocurre esta situación? A veces puede ser por el mal posicionamiento de la cita (llegaste a una cita y el nada más tenía 15 minutos: "te llamo cuando tenga más tiempo" o llegaste fuera de temporada: "me encanta pero hablamos esto en enero, yo te llamo". Otra causa que para mí es la más importante, puede ser falta de rapport , puede ser que no le caíste bien, algo de tu vestimenta no le hizo clic, o simplemente no te tomaste el tiempo para conocerlo. Estos son los factores que puedes empezar a prevenir para que no suceda esta situación.

## SEGUIMIENTO DE VALOR

Como dije anteriormente, el seguimiento es una parte fundamental de tu proceso comercial ya que seguir agregando valor después del intento de ventas marca una gran diferencia en cuanto a la percepción por parte del cliente. Recuerda que el 80% de las ventas se cierran entre el quinto y el décimo segundo acercamiento.

Ten en cuenta que siempre debes pedir permiso para dar seguimiento. Cuando sigues el pitch de la venta perfecta ya lo haces porque al final dejas un anzuelo con lo que no solamente estás solicitando autorización para contactarle en tres días sino que lo haces agregando una razón de valor para ellos.

## CICLO ETERNO DE VALOR

Esta técnica te va a ayudar a ser un vendedor que reciba siempre prospectos y ventas todos los meses de una forma automatizada. Si algo debes llevar a la práctica de todo lo que has aprendido con este libro, es esto. Es muy fácil; puedes invertir una semana de tu tiempo en hacerlo o contratar a alguien que lo haga y conseguirás resultados extraordinarios: cuando te den un no rotundo, los metes al ciclo eterno de valor; cuando te digan "yo te llamo" y no lo hagan, los metes ciclo eterno de valor.

¿Y qué es el ciclo de valor? Básicamente son correos que programas, evitando enviar spam o contenido que a nadie le interesa ya que obtendríamos el efecto contrario a lo que queremos lograr.

Anteriormente mencioné a Mailchimp o Active Campaing, que son unas herramientas CRM y de programación de correos electrónicos, con las que puedes crear secuencias automatizadas.

Por medio de estas herramientas puedes crear una campaña automatizada que envíe un mail semanal con contenido de valor.

Esta técnica es efectiva porque:

- Te da presencia y recordación de tu producto en la mente de tu prospecto; es decir creas branding[8]. Si no lo haces, te aseguro que tu competencia si lo hará.

- Es una técnica de seguimiento pasivo. No tienes que enfrentarte a tus miedos; evitas gastos; evita los demás bloqueos que genera el llamar por teléfono; te ahorra la incomodidad de perseguir.

- Generas a autoridad y reciprocidad, dos gatillos mentales ya mencionados. Si el cliente semanalmente recibes correos sobre un servicio y llega el día en que lo necesita ¿qué crees que hace? ¿Busca en las páginas amarillas para arriesgarse con un desconocido o llama al que le ha estado enviando correos de valor durante seis meses y que de cierta forma ya conoce?.

Eso es lo importante del ciclo eterno de valor: estás comprando espacio en la mente de tus clientes, que es algo muy valioso.

El ingrediente principal para hacer un ciclo eterno de valor, lo encuentras en su nombre: valor. Agregar valor y ofrecerle contenido de sumo interés para tus clientes o prospectos. ¿Qué es lo que más le interesa a un ser humano? Él mismo. Así que, reitero, háblales en su idioma, resuelve sus dolores, sé un gran aliado para ellos y ellos te comprarán, te lo aseguro.

Imagina una empresa de productos adelgazantes que te manda correos o publica en sus blogs temas de deportes, ejercicios, alimentación saludable, beneficios del agua etc. Dan consejos que ayudan y buscan tu interés que posiblemente sea rebajar par de kilos. Esa empresa trató de venderte un producto hace seis meses pero no tomaste acción en ese momento pero ahora todas las semanas te manda algo para que realmente tomes acción hacia tu meta;

_______________

8 Branding es un anglicismo empleado en mercadotecnia que hace referencia al proceso de hacer y construir una marca (en inglés, brand equity) mediante la administración estratégica del conjunto total de activos vinculados en forma directa o indirecta al nombre y/o símbolo (logotipo) que identifican a la marca influyendo en el valor de la marca, tanto para el cliente como para la empresa propietaria de la marca. https://es.wikipedia.org/wiki/Branding

porque te conoce, porque habla tu idioma y llega el momento que terminas comprando el producto. Es así como funciona y es así como debes hacer que funcione para ti.

Otro punto fundamental en estos correos, y en todas las publicaciones, es que los consumidores no quieren hablar con empresas, quieren hablar con un ser humano. Recuerda lo desesperante que es llamar a un banco o a tu compañía de teléfonos y te atienden con una grabación. Imprime a tus correos una personalidad e identidad únicas, dirígete a tu lector por su nombre, fírmalos con tu nombre y tu número de teléfono.

Mucha gente tiene resistencia al marketing de correos electrónicos porque no les gusta mandar spam. Como ya comenté, creo que si un correo agrega valor y es relevante para tu audiencia, no es spam.

Ten presente que la intención es trabajar con calidad y no con cantidad. Es preferible tener una lista de 20 personas a quienes les guste recibir tus correos que 2000 que los detesten, que pidan que los retires de la lista o que no presten atención Para programar tu ciclo eterno de valor, sigue los siguientes pasos:

- Descubre todos los pequeños dolores que resuelve tu producto, hasta encontrar al menos 52 beneficios. - Desarrolla mini temas que agreguen valor a tu prospecto basado en esos dolores y en los beneficios que ofrece tu producto. Redacta encabezados sencillos y atractivos. - Diseña una estrategia e impleméntala.

## ESTRATEGIA

Suena intimidante hablar de 52 correos y te surgen muchas preguntas: ¿de qué voy a escribir?, ¿cómo sé que les va a gustar?, ¿cómo lo voy a hacer? No obstante, mi primera recomendación es que generes todo el contenido de una vez ¿Por qué? Porque si dice "no tengo el tiempo", "mejor lo hago una vez a la semana", "es más sencillo dividir el trabajo", etc. formarás parte del 90% de la gente no lo hace nunca o desiste a la mitad y nunca ve los resultados de tener un ciclo eterno de valor bien instalado. Pon una fecha límite para hacerlo y programarlo.

Te corresponde ahora decidir la frecuencia de tus correos. Lo ideal es uno por semana para que puedas tener presencia y en contacto cercano con tus clien-

Sin embargo, puedes enviar uno quincenal (26 correos) o uno mensual. Ten presente que si decides hacer una frecuencia menor, tendrás menor presencia y cercanía. Será más difícil que te recuerden.

Para redactar los correos, regresamos al tema de copywriting: si vas a escribir 52 correos para un mercado específico, ellos tienen que sentir que eres uno de ellos, que eres parte de esa comunidad y sabes de lo que estás hablando.

Además de revisar los beneficios de tu producto y los dolores que resuelve otras fuentes de contenido pueden ser reviras, blogs, canales de YouTube, libros populares en tu industria, programas de televisión, personajes famosos. Hay muchísima información que puedes utilizar.

Comienza entonces a hacer una lista: selecciona un tema para cada correo y redacta el encabezado. Así sabrás el tema sobre qué vas a escribir ese correo.

A continuación te daré algunos ejemplos de encabezados llamativos:

**Multinivel**

- Siete errores que cometen los network marketer el día uno"
- ¿Cómo vender multinivel sin atosigar a la gente?
- ¿Cuáles son las mejores empresas de multinivel?
- Cómo contestar a ¿pero es un multinivel?
- Cómo contestar a ¿es una pirámide?

**Autos**

- ¿Cuánto dinero pierdes al comprar un auto nuevo?
- Tres cosas que Audi no quiere que sepas

**Software**

- ¿Cómo saber si tu programador te está estafando?
- ¿Quién necesita volverse digital?
- No seas el próximo Blockbuster (quienes perdieron la oportunidad de comprar Netflix por pensar que su nicho de mercado era muy pequeño)
- Nueve apps gratis para empresarios.
- Aumenta tus ventas con software.

Ahora, establece una fecha límite para generar tu ciclo eterno de valor. ¡No lo pospongas!,

Para la implementación te recomiendo que vayas a la web y sigas paso a paso un tutorial como este https://www.lifestylealcuadrado.com/tutorial-mail-chimp-enespanol-como-crear-una-newsletter/ que te hará las recomendaciones y consideraciones que debes tomar en cuenta para automatizar tu campaña de envío de correos o boletines.

No olvides que esta herramienta te ayudará a generar clientes de forma constante, inclusive te volverá a conectar con otros que dabas por perdidos. Si la implementas correctamente tendrás tu ciclo de valor por todo el tiempo que desees.

GRACIAS...

Quiero agradecerte y felicitarte por llegar hasta aquí.

Este libro no está diseñado para terminarlo rápido como una carrera de 100 metros al contrario es más un maratón de vida, que te permite desarrollar habilidades con cada una de las lecciones y lo más importante es que lo lleves a la práctica y no simplemente avanzar para terminarlo.

Úsalo como guía permanente. Regresa y revisa para reflexionar en tu camino por las ventas y el emprendimiento.

Nuevamente gracias, gracias de todo corazón por haberme acompañado en este viaje.

BIBLIOGRAFÍA

BRONSON, Rusell (2015). Dotcom secrets. Medford, EE UU: Academic Book Solutions.

CARDONE, Grant (2016). La regla de oro, México: Editorial Aguilar.

CARNEGIE, Dale (2008). Cómo ganar amigos e influir sobre las personas. Ciudad de México, México: Editorial Elipse.

CIALDINI, Robert (2009). Influence, the psychology of persuasión. Edición Kindle.

KLAFF, Oren (2011). Pitch Anything. Reino Unido: McGraw-Hill Education.

ROBBINS, Anthony (2010). Poder sin límites. Madrid, España: Editorial Debolsillo.

ROSALES, Carlos (2013). Personas compran personas. Caracas, Venezuela: Ediciones Neurosales.

SHARMA, Robin (2012.) El líder que no tenía cargo. Madrid, España: Editorial Debolsillo

TRACY, Brian (1997). Estrategias eficaces de venta. Barcelona, España: Ediciones Paidos Ibérica.

TRACY, Brian (2015). Totalmente comprometido, Ciudad de México, México: Editorial Taller del Éxito.

URZUA, Cris (2015).Todos venden. Edición Kindle.